大癫狂

群体性疯狂与大众幻想

〔英〕查尔斯·麦凯◎著
CHARLES MACKAY

冯春◎译

EXTRAORDINARY POPULAR
DELUSIONS AND THE MADNESS OF CROWDS

中华工商联合出版社

图书在版编目（CIP）数据

　　大癫狂：群体性疯狂与大众幻想／（英）查尔斯·麦凯著；冯春译. -- 北京：中华工商联合出版社，2022.9
　　ISBN 978-7-5158-3510-5

　　Ⅰ．①大… Ⅱ．①查… ②冯… Ⅲ．①投资－经济心理学－通俗读物 Ⅳ．①F830.59-49

中国版本图书馆CIP数据核字（2022）第119730号

大癫狂：群体性疯狂与大众幻想
Extraordinary Popular Delusions and the Madness of Crowds

| 作　　者：[英]查尔斯·麦凯 Charles Mackay |
| 译　　者：冯　春 |
| 出品人：刘　刚 |
| 图书策划：蓝色畅想 |
| 责任编辑：吴建新　林　立 |
| 装帧设计：胡椒书衣 |
| 责任审读：郭敬梅 |
| 责任印制：迈致红 |
| 出版发行：中华工商联合出版社有限责任公司 |
| 印　　刷：北京市兆成印刷有限责任公司 |
| 版　　次：2023年1月第1版 |
| 印　　次：2023年1月第1次印刷 |
| 开　　本：710mm×1000mm　1/16 |
| 字　　数：200千字 |
| 印　　张：14.75 |
| 书　　号：ISBN 978-7-5158-3510-5 |
| 定　　价：68.00元 |

服务热线：010-58301130-0（前台）
销售热线：010-58302977（网店部）
　　　　　010-58302166（门店部）
　　　　　010-58302837（馆配部、新媒体部）
　　　　　010-58302813（团购部）
地址邮编：北京市西城区西环广场A座
　　　　　19-20层，100044
http://www.chgscbs.cn
投稿热线：010-58302907（总编室）
投稿邮箱：1621239583@qq.com

工商联版图书
版权所有　盗版必究

凡本社图书出现印装质量问题，请与印务部联系。
联系电话：010-58302915

目 录

译者前言

第一章　密西西比计划

　　第一节　花花公子约翰·劳／2

　　第二节　投机狂潮／6

　　第三节　山雨欲来／10

　　第四节　急转直下／14

第二章　南海泡沫

　　第一节　牛津伯爵的杰作／20

　　第二节　惊天骗局／23

　　第三节　紧急措施／29

　　第四节　罪犯受审／31

第三章　了不起的郁金香

　　第一节　花中骄子／36

　　第二节　荒谬逸事／39

　　第三节　大幅度贬值／41

第四章　圣物崇拜

　　第一节　爱的神圣化／44

　　第二节　形形色色的圣物／46

第五章　近代预言

　　第一节　末日恐慌／50

　　第二节　米兰大瘟疫／52

　　第三节　英国预言家／55

第六章　大盗赞歌

　　第一节　各国大盗／60

　　第二节　艺术中的大盗／63

第七章　头发和胡子的时尚

　　第一节　长发风波／66

　　第二节　胡须的去留／69

第八章　决斗还是神裁

　　第一节　决斗的起源／74

　　第二节　五种神裁法／75

　　第三节　疯狂的决斗／77

　　第四节　恶习难除／83

　　第五节　重典治乱／89

第九章　都市流行语

　　第一节　流行俚语／94

　　第二节　流行歌曲／99

第十章　十字军东征

　　第一节　坎坷朝圣路／104

　　第二节　初次东征／108

　　第三节　第二次东征／115

　　第四节　第三次东征／117

　　第五节　无谓的争斗／118

第十一章　女巫奇冤

　　第一节　寻找女巫／124

　　第二节　欧洲大陆的女巫／131

　　第三节　最后的疯狂／135

第十二章　慢性毒杀

第一节　英国两起投毒案／144
第二节　意大利投毒者／148
第三节　法国投毒者／151

第十三章　鬼屋魔影

第一节　闹鬼的房子／158
第二节　精心安排的把戏／161

第十四章　炼金术士

第一节　传说中的神奇技艺／172
马格努斯和阿奎纳／173

维尔诺和阿波恩／174

教皇约翰二十二世／175

尼古拉斯／176

第二节　炼金术史上最著名的骗子／177
帕拉齐斯／178

约瑟夫·伯利／179

圣格美伯爵／181

卡格劳斯／182

第三节　骗术和信仰的结合／185

　　雷蒙德／185

　　迪博士／186

　　"玫瑰十字"教派／188

第四节　苦难与反省／189

　　雷斯元帅／190

　　贝尔纳德／192

　　丹尼斯·扎卡伊尔／194

第十五章　占卜术

第一节　占星术／198

第二节　其他占卜术／200

第三节　特定的日子／204

第十六章　催眠术士

第一节　矿物催眠术／208

第二节　动物催眠术／212

第三节　疯狂的仿效者／218

译者前言

本书讲述了欧洲历史上最荒唐的群众热潮：郁金香热、股票泡沫、圣物崇拜、都市俚语、头发与胡子的时尚、十字军东征、炼金术、占卜术与催眠术，等等，很多故事都触目惊心，令人难忘。

比如，在炼金术盛行的中世纪，术士们声称可以用鸡蛋黄提炼出黄金，而达官贵人及普通百姓竟毫不犹豫地纷纷出资！有个术士声称自己活了两千多年，竟被巴黎社交界奉为神仙，并且总有一些老富婆向他索求长生不老药，让他赚了不少钱。

又如，在法国的一次投机狂潮中，全国各地的人都挤到巴黎的一条街上抢购股票，希望能够一夜暴富。有个在街边摆摊的鞋匠把摊位租出去，并为股票经纪人和顾客提供书写材料，狠狠发了一笔财。更离奇的是，有个驼背的人站在街头，把自己的后背租给奔忙的投机商当书桌，竟然也赚了一大笔钱！

再如，古代欧洲的教徒热衷于搜集圣物，例如从耶稣受难的十字架上切下来的木片、圣母玛利亚的眼泪及她长袍的折边，等等。事实上，那些"从十字架上切下来的木片"如果叠在一起的话，要比一百棵橡树所能提供的木头还要多；而所谓的"圣母流下来的眼泪"也不少，如果能收集起来的话，填满一个游泳池也是绰绰有余的。

本书史料翔实，叙事生动有趣，其情节充分展现了人性盲目和疯狂的一面。很多故事的发展比荒诞小说还出人意料，甚至让人"拍案叫绝"。诚如马克·吐温所言:"现实中的生活要比文学作品中的生活有趣得多。"

本版本根据1852年英文版译成,原书名为:*Extraordinary Popular Delusions and the Madness of Crowds*(直译为:非同寻常的流行性迷信与群众性狂潮)。

为了使译本更符合中国读者的阅读习惯,充分体现本书的趣味,翻译时采用了意译、缩译等方式,其中"炼金术士"一章调整了部分文字的顺序。

译者水平有限,如有错误,恳请广大读者指正。

第一章　密西西比计划

> 有人秘密组建空壳公司，
> 　发行新股票牟取暴利。
> 他们抛出一个又一个天花乱坠的计划，
> 　营造虚名，诱惑世人。
> 先树立信用，再宣布贬值，
> 把所有股民的财产据为己有，
> 让众人争吵不休、不能自拔。
> 　　　　　　——笛福

第一节　花花公子约翰·劳

约翰·劳是密西西比计划的策划者,是他制造了1719年和1720年的那场大阴谋。有的历史学家说他是个骗子,有的说他是个疯子,评价不一。由于他的计划给太多人带来了不幸,所以当时的人们就用这两个词来称呼他。在100多年后的今天,我们发现,这样称呼他是不公平的,约翰·劳既不是骗子,也不是疯子。表面看他在骗人,实际上他也是受骗者之一;表面看他在犯罪,实际上他也是受害者之一。他对银行的运行规则了如指掌,比当时的任何人都熟悉金融问题;他所建立的系统之所以轰然崩溃,不仅是因为他的过失造成的,更多的是因为那个时代民众的愚昧。

约翰·劳于1671年在英国爱丁堡出生,是家中长子。他父亲经营金器店和银行,积攒了大笔财富,并成为一块领地的主人。父亲想让儿子尽早明白银行系统的操作规则,所以,约翰·劳刚满14岁就被带到会计室,艰苦工作了三年。约翰·劳对于数字有着非同寻常的热情,在算术方面显示出非凡的才能。17岁时,他已经是个身材健壮的美男子了,虽然脸上因为出过天花而疤痕累累,但仍然很讨人喜欢。但这时,他开始不务正业了,整天穿得气度不凡,纵情于享乐生活。他很受女人欢迎,女人们都叫他"漂亮的劳";男人们则对这个纨绔子弟很反感,称他为"浪荡子约翰"。1688年父亲死后,他终于从烦琐的会计事务中解脱出来,带着继承来的地产收入,跑到伦敦闯荡世界去了。

在伦敦,他挥金如土,成了赌场里的常客。他在输赢概率上做了精心细致的计算，再加上胆大心细的特质，所以他不断赢钱，几乎从无失误。

很多赌徒都嫉妒他，也有许多人整天围着他转，他押什么，就跟着押什么。

在情场上，他同样是个幸运儿。他年轻、富裕、聪明，并且有魅力。上流社会的太太、小姐们都注意到了这位英俊潇洒的苏格兰男子，即使是最高傲的女士也会向他含情脉脉地抛媚眼。

可惜好景不长。在九年的放荡生活之后，他成了一名不可救药的赌徒。他越赌越大，终于有一天，他输掉了所有的钱，而且要抵押地产才能结清赌债。祸不单行的是，由于某件桃色新闻，他卷入了一场决斗，并当场把对手射死。当晚，他被逮捕归案，可是又奇迹般地逃脱了制裁，消失得无影无踪。法官们受到抨击后，只好在报纸上悬赏，通缉约翰·劳。

在通缉令中，这样形容他："约翰·劳上尉，苏格兰人，26岁，肤色黑，身材匀称，约有六英尺（约1.83米）高。脸上有麻子，鼻子很大，口音很重。"这种漫画式的描写太过笼统，所以他并没有遇到多大阻碍就成功地逃到了欧洲大陆。他在荷兰、德国、匈牙利、意大利、法国等国家游荡了17年，这使他对欧洲各国的贸易和资源的情况异常熟悉，而且他得出一个结论：如果没有纸币，任何一个国家的经济都不可能繁荣。

不过，在这17年中，他的成功主要还是源于赌博方面。在欧洲的著名赌场里，他都颇有名气，被认为是那个时代最精于计算、最能把握机会的人。据《世界传记》记载，他先是被逐出威尼斯，又被赶出热那亚，因为他在赌博方面实在太有名了，给当地年轻人树立了一个极坏的榜样，严重影响了当地的道德水准。后来，约翰·劳结识了法国的旺多姆公爵、孔德亲王和放荡不羁的奥尔良公爵。奥尔良公爵十分赞赏这位苏格兰"冒险家"，愿意做他的保护者。他们交往频繁，劳每次见面都要向公爵宣讲他的金融主张，因为他知道公爵是皇帝身边的红人，在政府决策中起着很重要的作用。

1715年，法国国王路易十四去世，继承人年仅七岁，奥尔良公爵被指定为摄政王。当时，法国财政已到了崩溃的边缘，国王腐化堕落，各级官吏更是有过之而无不及，整个法国经济秩序一片混乱。国家的外债高达30亿里弗赫，而每年国家的税收只有1.45亿里弗赫，其中的1.4亿要被政府花掉，剩下500万用来支付30亿外债的利息。摄政王的当务之急，就是要改变这种局面。有人甚至建议摄政王召集议会，宣布国家破产。幸好，这个过于大胆的建议未被采纳。最先被采纳的措施是重铸货币，这个自欺欺人的办法不但没有缓解状况，反而使货币贬值了1/5，全国的商业运行也都陷入到混乱之中。

为了挽救经济，国家成立了一个裁决委员会，专门负责调查贷款承包商和税收承包人的不法行为。当时，法国国民对税务人员恨之入骨，因此，当税务人员被传唤到法庭交代罪行时，全国民众一片欢腾。国家还设立了司法院，鼓励告密，并对犯罪人严加惩处。巴士底监狱很快就挤满了囚犯，全国各地的大小监狱也人满为患。在税收的名义下，政府向所有犯人出手，狠狠地处以罚款。不过，由于各个行政部门都趁机贪污，所以尽管罚款很多，但中央政府的收益并不大。朝廷大臣以及他们的妻子、情人早已将大部分罚款据为己有。比如，有一个税收承包人应被罚款1200万里弗赫，但一位伯爵把他叫到自己家中，提议道，如果对方愿意交10万克朗的好处费，就可以免除罚款。"伯爵先生，你说晚了，"这位承包人说，"我已经和你的妻子达成了协议，她只要五万。"

就这样，政府征收到1.8亿里弗赫，其中的8000万用来偿还外债，剩余的一亿全都进了大臣及其亲属的腰包。

几个月过去了，所有罪行严重的富人都受到了税收惩罚，罚款的对象逐渐转向其他人。由于告密者可以得到巨额奖赏，所以正直的商人也被牵连，他们被带上法庭，欺诈罪、勒索罪甚至谋杀罪等莫须有的罪名纷纷被安在他们头上。一年之后，在一片埋怨声中，政府不得不停止这些措施。裁决委员会被解散，国家也宣布大赦。

在这场财政乱局之中，约翰·劳出现了。

劳在朝廷上一露面就受到了热烈欢迎。他摆出专家的姿态，向摄政王提交了两份备忘录，指出由于货币不足并且贬值，整个法国已经陷入一场财政危机中。他说，对于一个商业国家而言，如果没有纸币的辅助，金属货币根本不可能支撑整个经济。他还特别举出英国和荷兰的例子，以阐明纸币的重要作用。他罗列出许多关于货币信用的真实论据，向摄政王阐述重建法国货币信誉的办法。当时法国货币的汇率在欧洲各国都十分不景气，所以劳提出，应该建立一个银行，这个银行有权管理国家的税收，并以这些税收和不动产为基础发行纸币；这个银行应以国王的名义进行管理，并应接受由议会指定的委员会监督。

议会很重视这两份备忘录。同时，劳又抓紧时间把自己关于金融和贸易的文章译成法文，在全国宣扬。在法国，他的名字逐渐妇孺皆知。摄政王为了配合劳，让心腹向国外媒体宣扬劳的博学多才。一时间，他得到了所有人的关注，大家都盼望这位先生能给法国带来奇迹。

1716年5月5日，皇室发布命令，授权劳与他的兄弟建立一个银行，名为"劳氏公司"，它发行的纸币可以用来缴税。银行的资本金为600万里弗赫，每500里弗赫为一股，共1.2万股，其中的1/4可以用金属货币购买，其余可用国库券购买。

约翰·劳从此走上了人生巅峰，前途一片光明。他对金融事务有着丰富的经验，因此在处理银行业务时游刃有余。他打通政府，使自己发行的纸币价值变得稳定，而且可以自由购买。这使得他的纸币变得比金银还要珍贵，因为后者会因为政府的随意干预经常出现贬值情况。没多久，他惊喜地发现，他发行的纸币在公众心目中的地位迅速上升，价值也迅速超过了金属货币，比同样面值的金属货币价值高出1%。不久，衰败的商业开始复苏，税收增加了，人们的抱怨减少了。在一年时间里，劳发行的纸币升值了15%，而国库券的价值则下滑了78.5%，这样的对比使约翰·劳声誉大振。之后，劳建立了很多分行，与此同时，他开始筹划那个让他名垂后世的密西西比计划。

劳向摄政王提议：应该建立一个公司，这个公司应该拥有很大的权力，独揽美洲广阔的密西西比河流域和路易斯安那州的贸易（据说这两个地方如同东方仙境，遍地金银）；如果公司在该贸易中获取了巨大利润，应该有资格成为唯一的税赋承包人和唯一的钱币铸造者。这个提议很快得到了摄政王和议会的批准，贸易特许状于1717年下发。公司的全部资本被分为20万股，每股500里弗赫，这些股同样可以用国库券购买。在当时，面值500里弗赫的国库券在市场上只能换取160里弗赫的金属货币。

第二节　投机狂潮

　　法国人对密西西比计划产生了极大的热情，投机狂潮迅速席卷整个法兰西。劳氏银行因此赢得了巨大的经济效益，人们对劳许下的承诺坚信不疑。摄政王每天都赋予劳新的特权，劳氏银行因此顺理成章地垄断了烟草的销售，独揽改铸金币、银币的特权。不久，劳氏银行被改建成为法兰西皇家银行。在如潮的赞美声中，劳和摄政王得意忘形。他们忘记了以前大声宣读过的准则：如果一家银行没有必要的基金以支持它所发行的纸币，就必然会走上绝路。摄政王的决策更加过分，劳氏银行被称为皇家银行后，他立刻令银行发行大量纸币，总面值高达10亿里弗赫。这种行为已经完全偏离原定的轨道。对此，我们不应责备劳：在劳控制银行时，他发行的纸币从未超过6000万里弗赫。

　　在密西西比计划之初，议会已经不满劳作为一个外国人竟具有如此大的影响力，并且怀疑他提出的计划是不保险的。随着他个人影响的扩大，议员们对他的敌意也增加了。大法官达格索反对大幅度增加纸币发行量，更反对国内金银货币持续贬值，他因此被摄政王撤职了。这件事使议会对劳的敌意更加强烈。

摄政王派亲信达让松接替空缺的大法官职位,并兼任财政大臣。新任财政大臣是个不学无术的人,他上任之后的第一个措施就是,把大硬币改铸成面值更大的小硬币。他对贸易和信用的原则一窍不通,根本不明白这么做会带来多大的风险。

议会对劳更加憎恨了。在他们看来,劳是万恶之源。有些议员站出来,提议将劳押到法庭受审,一旦认定他有罪,就立即在法院门口绞死。劳大吃一惊,慌忙逃入皇宫,请求摄政王庇护自己,并建议摄政王采取措施,逼迫议会就范。摄政王听从他的建议,把议会的议长和两名议员抓了起来,关押到远方的监狱,议会的反抗被镇压了。

危险消失后,劳从皇宫里出来,全神贯注于密西西比计划。他不顾议会的反对,大量增加公司的股份。1719年年初,政府宣布,在东印度、中国、南太平洋诸岛以及柯尔伯建立的法国东印度公司的所属各地,其所有的贸易活动均由密西西比公司全权负责。因此,这个公司又被称为印度群岛公司,它的业务量增长速度很快,没不久又新增了五万份新股。劳向民众宣布了无比辉煌的前景,他保证,每股的年息将达到200里弗赫。这样一来,利润竟达到120%。

人们无法抵御如此强劲的诱惑,公众热情不断高涨。新增的五万份新股至少有30万人申请购买,劳的住宅门口从早到晚都挤满了心急如焚的申请人。新股票持有人名单几周后才确定,在这段时间内,公众的心情也随之由焦急到疯狂。无论是公爵、侯爵、伯爵,还是他们的夫人、儿子、女儿,全部出动,每天都挤到劳的住宅门口,在大街上等待几个小时。整条大街站满了各色人等,等待的人数甚至达到数千。有些人做好了长期奋斗的准备,在附近租下房间,以便有机会靠近劳本人。在新股被炒得热火朝天的同时,旧股的价格也迅速攀升。在黄金梦的诱惑下,来自全国各地的申请人都想挤到劳的住宅所在的大街上。公司被这种大好形势鼓舞,决定再发行30万新股,每股5000里弗赫。这样一来,摄政王就可以还清所有国债了。

每个人都想从密西西比债券的涨落中大捞一笔，劳居住的住宅所在的金坎普瓦大街成了股票经纪人的聚散地。它本就十分狭窄，再加上人群密集，因此交通事故不断发生。而且，原本这条大街两边的房子租金每年只有1000里弗赫，现在已经涨到了1.2～1.6万里弗赫。有一个在街边摆摊的鞋匠趁机把自己的摊位租出去，并为经纪人和顾客提供书写材料，每天至少能赚200里弗赫。更离奇的是，有个驼背站在街头，把自己的后背租给奔忙的投机商当书桌，竟然也赚了一大笔钱！所有的生意人似乎都聚集到这里，于是更多的投机者被吸引来了，同时也吸引了更多的小偷和恶棍。这里开始不断地发生暴力事件和骚乱，天黑后，政府不得不派大批士兵来清理街道。

劳觉得自己的住处太不方便，于是搬到了旺多姆广场。投机商们也跟着到了那里，本来宽敞的广场立刻变得像金坎普瓦大街一样，十分拥挤，成了一个摩肩接踵的大市场。从早到晚，到处都是帐篷和货摊，或者买卖股票，或者出售饮料、点心。满怀投机心理的人们蜂拥而至，赌徒们只要在广场中心摆上赌台，就会稳赚一大笔。人们在休闲娱乐的时候，都不再想去林荫路或小花园，而是想去旺多姆广场。那里不仅可以谈生意，还是闲逛者最时髦的约会场所。大法庭就设在广场边，由于人声过于嘈杂，法官们曾多次向摄政王和市政府抱怨，说已经听不到律师辩护的声音了。

劳表示他可以解决这个问题。他以惊人的高价买下了卡里南亲王的苏瓦松官邸，亲王则留下了官邸后面的大花园，以便赚取更多的利润。劳才搬进新居就发布公告，所有人只能在官邸后面的大花园中进行股票交易。大花园里立即支起了五六百个小帐篷和小摊位，到处都是色彩鲜亮的彩带和飘扬的旗帜。繁忙的人们进进出出，发出无休无止的争吵声和刺耳的噪声，其中还夹杂着音乐声。人们的表情随着股票的涨落瞬息万变，现场气氛狂热。对于这种群众性的癫狂行为，正直的陆军元帅维拉尔十分苦恼，他不能容忍同胞们陷入群体性癫狂中不能自拔。有一次，他对着人群大声呼喊了半个小时，企图要求他们停止这种荒唐的行为，但没一个人听从他的劝告。回答他的都是唏嘘声和嘲弄声，甚至有人向他投掷鸡蛋和西红柿，并击中了元帅的头部，他不得不回到车里，狼狈地离开了。

有两位德高望重的学者——拉莫特先生和泰拉松神父，他们向来老成沉稳、十分理性，他们互相祝贺，庆幸自己没有卷入这场狂潮中。但没几天，泰拉松神父控制不住自己了，前往苏瓦松官邸买股票。出来的时候，却碰上了也来买股票的拉莫特。神父说："哈！是你吗？""是啊，"拉莫特快步从他身边走过去，并说，"怎么可能是你呢？"后来，当两位学者再次聚会时，他们高谈哲学、科学和宗教，但再也没有谈论过密西西比计划。当不得不提起这件事时，他们一致认为：一个人永远不要发誓不干某一件事，还有，即使是聪明人也不应该排斥豪华与奢侈。

此时，劳已经成为国内最重要的人物了。即使摄政王的号召力与他相比也相形见绌。摄政王的接待室连一位朝臣也留不住，他们都涌进了苏瓦松官邸。每个有地位的人都认为自己有优先购股权，他们守在劳的会客室，请求劳把股票卖给他们。但是劳忙得不可开交，见到的申请者连1/10也不到。申请者们绞尽脑汁，想方设法地接近他。那些有地位的贵族们，即使是与摄政王会见时，如果让他们等半个小时，他们也会火冒三丈，但是为了见到劳，他们可以心甘情愿地等六个小时。劳的仆人们也跟着发了财，因为贵人们都希望仆人优先通报自己的名字。为了同样的目的，高贵的女士们不知抛了多少个媚眼，有的有幸献给了劳，有的则献给了劳的仆人。有一位奋斗多天仍未如愿的女士，放弃了在劳家里见到劳的方式，她命令车夫带着她外出时仔细观察，如果看到劳过来，就让马车撞向灯柱，把她摔下来。车夫带着这位女士在城中转来转去，祈求上帝赐给她被摔下的机会。第三天傍晚，她终于看到了劳先生。她对车夫尖叫道："快让马车翻倒！上帝保佑，马车快翻倒！"车夫驾车向柱子撞去，马车翻倒了。这场事故就发生在劳面前，他当然不会放过献殷勤的机会，立刻过来救助。这位狡猾的女士被带到了苏瓦松官邸，劳记住了这位女士的名字，并允诺她可以买一定数量的股票。还有一个故事，女主角是德布莎夫人。她打听到劳在某处赴宴，于是驱车前往，并谎报着火了。当所有人都往外逃命时，她趁机跑向劳。劳发现有一位女士向他冲过来，怀疑有诈，便朝另外一个方向跑走，躲开了。

还有一些奇闻趣事也流传很广，尽管有点夸张，但可以真实地反映当时人们的精神状况。一天，摄政王想找一位公爵夫人陪伴他的女儿，但怎么都找不到那位夫人，有位大臣告诉摄政王："您只要到劳的会客室里，保证能找到法国所有的公爵夫人。"有位名医买了一些股票，但是很不幸，他的股票一跌再跌。有一次，他给一位女士看病，把脉时心里仍然想着股票。当病人急切地询问自己生的什么病时，医生沉痛地说："上帝啊！它落了，落了，还在落！"病人惊慌失措："我要死了？！我要死了！它一直在落！一直在落！"医生惊讶地问："什么在落？""我的脉搏啊！"病人回答。医生醒悟过来："哦，对不起，夫人！我说的是股票在落。我赔了很多钱，脑子很乱，简直不知道自己在说些什么。"

第三节　山雨欲来

密西西比股票的价格涨个不停，甚至在几小时内就可以上扬10～20个百分点，许多人早上出门时还一贫如洗，晚上回家时已经腰缠万贯了。车夫、厨娘和脚夫之类的普通民众也会一夜暴富，由于他们难以摆脱过去的语言习惯和生活方式，所以言行举止总是怪怪的，显得滑稽可笑，成为上流社会的笑料。但是实际上，与上层人物相比，他们并不令人憎恶。圣西蒙公爵记录过一个叫安德烈的人，他品行恶劣，毫无教养，但是他在密西西比股票狂潮中非常走运，瞬间变成富豪。暴富之后，他立刻开始掩盖自己低微的出身，急着与贵族联姻。他有一个年仅三岁的女儿，为了达到联姻的目的，与高贵的杜瓦斯家族谈判，声称如果他女儿能嫁给这个贵族家庭中的任何一员，他将在金钱上作出回报。33岁的杜瓦斯侯爵马上应允，说他可以迎娶这个女孩儿，等她长到12岁就举行仪式。但是有个条件，女孩儿的父亲必须马上交出10万克朗，并且在婚礼前每年交出两万里弗赫。双方达成了协议，并且在这个丑恶的协议上一本正经地签字盖章。

上面所说的事情虽然荒唐可笑，但是并没有对社会造成太大危害。不过，另外一些事情却给社会带来了严重的后果。由于人们随身携带大量纸币，所以抢劫案可能随时发生，暗杀活动也并不少见。其中有个案子引起了整个法国的震动，此案不仅影响广大，而且罪犯的社会地位很高。

道赫纳伯爵是道赫纳亲王的弟弟，张狂放肆，是个有名的浪荡公子。有一次，他和两个臭味相投的朋友计划抢劫一个非常富有的股票经纪人，据说此人总是随身携带大量的现金和股票。道赫纳伯爵与他的两个朋友商议，由伯爵出面，假意求购印度群岛公司股票，并商定在一家酒馆内见面。见面后，谈了没几分钟，道赫纳伯爵一行突然跳起来扑向那个经纪人，把公文包内价值10万克朗的密西西比和印度公司股票洗劫一空，还用短剑对着对方的胸口连刺十几下，直到把对方刺死。这起案件发生在光天化日之下，整个巴黎因此笼罩着一种恐怖的气氛。第二天开始审理这起凶杀案，由于事实明确，道赫纳伯爵被当庭判处车裂之刑。

道赫纳的亲属祈求摄政王不要采用有辱贵族身份的车裂之刑，改为砍头。在当时的欧洲，砍头一般不会使罪犯亲属感到羞耻。摄政王正要同意的时候，劳出现了，他对罪犯的行为十分愤怒，建议摄政王坚持原则，依据法律做出公正的处罚。六天后，罪犯被车裂处死。

这个判决严厉而迅速，巴黎市民都拍手称快。但这件事无法阻止整个社会治安的混乱，抢劫案、杀人案仍然不断发生，被抢劫的人实在太多了，以至于再也得不到人们的关注和同情。公共道德日益败坏，所有心怀恶意的人都跳了出来，摩拳擦掌，跃跃欲试；物欲横流，社会上盛行赌博，几乎所有人都被吸引到赌桌旁边。

有一段时间，繁荣的假象增加了人们的信心，贸易活动活跃起来。外地人纷纷涌进巴黎，有时旅馆的床不得不架到阁楼、厨房甚至马厩里，以满足不断增加的借宿者的需要。城里充满了各式各样的交通工具，异常拥挤，以至于在最宽阔的主干道上也严重堵车，车流缓慢。全国人民都穿上了华丽的衣服，全国的织布机都在夜以继日地运转，赶制奢侈的花边、丝绸、细平布和丝绒。由于纸币发行量太大，这些东西的价格涨了四倍。食品的价格也越来越高，这让以前的人连想也不敢想。工资也以同样的比例上涨，到处都在建新房子。虚假的繁荣蒙住了全国人民的眼睛，没有人看到即将到来的危机。

劳带来了如此惊人的变化，他本人当然也得到很大好处。法国最尊贵的贵族都挤破脑袋地想讨好他的妻子、女儿，争先恐后希望与他联姻。他购买了两座豪华的庄园，并与苏利公爵一家谈判，要求购买其在罗奈的领地。由于劳的宗教信仰不是天主教，不利于他进一步高升，所以摄政王建议，如果劳愿意公开宣布信奉天主教，他将任命劳为全国财政的总审计官。劳立刻应允，并立即赶到默伦大教堂，在大群围观者面前接受了神父的坚信礼。第二天上午，劳向教会捐赠50万里弗赫。下午，劳就被推举为教区名誉教会执事。

波旁公爵是法王路易十四的儿子，在密西西比股票投机中非常幸运，成功重振破败的家业。他把住宅修缮一新，又建立了全欧洲都闻名的马厩。为了改进法国赛马的品种，他甚至从英格兰进口了150匹纯种赛马。他购买了大片的乡间土地，几乎拥有了瓦兹省和索姆省之间的全部良田。如此巨额的财富都来自密西西比狂潮，难怪劳会成为势利之徒顶礼膜拜的偶像。

令人印象深刻的是，尽管劳已经成为法国最有影响的人物，但他依旧表现得朴素、和蔼、善解人意，就像从前生活困顿时一样。当时所有的诗人、文人都踊跃发言，用最美好的言辞来赞颂劳，把劳描述成法国的救世主、守护神，在他们的叙述中，劳的每句话都闪耀着机智，每个表情都体现着美德，每种行为都充满内涵。连皇上也没有受到过如此多的赞誉。每次劳出门时，都有大群的人马跟在后面，人群非常拥挤，以至于摄政王不得不派一队骑兵作他的护卫，为他开道。

巴黎从未像当时那么繁华。从外国进口的大批精巧的物件，如昂贵的雕像、油画、挂毯都成了畅销货。法国人擅长做的如家具、装饰品之类的家居用品，以前都是王公贵族的专用，而今，在普通商人和中产阶级的家庭中也随处可见。巴黎成了全世界最有利可图的商业中心，连最璀璨夺目的珠宝也被运到这里销售，其中就包括那颗著名的钻石——它最终被摄政王以200万里弗赫的天价买下，并以他自己的名字命名，之后一直装饰在法国国王的王冠上。初见这颗钻石时，摄政王就爱不释手，但出于对整个国家负责任的想法，他不能随意花掉如此巨额的公款，于是理智地放弃了占有它的贪念。一连几天，宫廷中所有的女士都在谈论说："如果没有人能买下它，这颗异常珍稀的宝石将被带出法国，这实在是太令人遗憾了。"圣西蒙公爵也有同感，于是说服了劳，由劳想办法付钱。最后，法国向宝石的主人承诺：将在商定的年限内付给他200万里弗赫，而且最终可以得到该数目5%的利息，以及在加工宝石过程中切割下来的碎块。圣西蒙在他的《回忆录》中叙述了他在这件事中所起的作用："我成功地说服了摄政王，做成了一笔辉煌的买卖，为自己赢得了很好的声誉。"他说服摄政王牺牲自己的责任感，用公家的巨款买下了一件华而不实的小玩意儿，为此，他非常骄傲。

第四节　急转直下

直到1720年年初，法国社会仍然表现得十分繁荣。尽管议会一再发出警告，如果纸币发行量过大，国家经济必然会走向崩溃，但是这些警告没有被重视。摄政王对财政的基本原理一窍不通，他觉得，既然发行纸币带来了这么多好处，就不该进行任何限制；既然五亿里弗赫的纸币能带来这么多好处，那么再发行五亿就能带来更多的好处。对于摄政王这一巨大的错误的认识，劳没有表示反对。就这样，随着印度群岛公司股票和密西西比股票价格的增长，银行发行了越来越多的纸币。

1720年初，孔德亲王在购买印度群岛公司的新股票时遭到了拒绝，于是就用三辆马车拉着自己的纸币到劳的银行，要求兑换成硬币。劳得知后大吃一惊，他明白，如果有人模仿这个行为，对自己来说将是一个巨大的灾难。他向摄政王求助，在摄政王的干涉下，孔德亲王退还了硬币。虽然这件事没有造成严重的后果，不过股票投机者只要稍稍精明一些，就可以预见股票价格不可能永远攀升。有些人开始小部分、小部分地把纸币兑换成硬币，或者购买金银珠宝，然后秘密地运到国外。有个名叫韦尔马莱的投机商觉察到了即将到来的风暴，于是购买了价值超过100万里弗赫的金币和银币，藏在农夫的马车上，盖上干草和牛粪，安全地运到了比利时，再转运到阿姆斯特丹。诸如此类的事件不断发生，时间一长，流通硬币的数量出现了严重匮乏。

政府采取了很多措施，但还是无法遏制这种趋势。留在国内的少量硬币也被保存或隐藏起来，贸易陷入停滞。在这种紧急情况下，劳说服政府颁布法令，要求完全禁止硬币的流通。1720年2月发布的这个法令，本来是想挽救经济危机，却对纸币的信用造成了不可挽回的影响，整个国家濒临崩溃。该法令禁止任何人拥有超过500里弗赫的硬币，违者将被没收全部硬币，并处以重罚。它还严禁买卖金银珠宝，并鼓励告密。在这种暴政下，全国怨声载道、群情激愤，摄政王和劳遭到人们的咒骂。人们开始更不愿接受纸币了，因为谁也不知道今天的钞票在明天价值几何。

密西西比股票的价格迅速下跌，人们不再相信这个地区蕴藏着巨大财富了。为重树密西西比股票的形象，政府采取了最后的措施。巴黎有6000多名流浪汉和地痞流氓被强征入伍，由政府提供装备，坐船驶向美洲，对外宣称去那里的金矿工地干活。他们扛着工具，排成队列，络绎不绝地走过巴黎街头，然后分成小队去往各大港口，坐船前往美洲。实际上，他们当中的大部分人没有上船，而是分散到法国各地，继续重操旧业。半个月后，他们中的一半人又会在巴黎出现。一些容易上当受骗的人因此被迷惑了，以为公司又开辟了新的财源，以为金银珠宝很快就会如潮水般涌进法国。这种策略起了一定的作用，密西西比股票的状况稍微好转了。

5月初，劳和所有大臣们出席了一次摄政会议。据他们估计，当时流通的纸币有26亿里弗赫，而全国的硬币加起来还不到这个数目的一半。会议决定，纸币必须贬值50%。5月21日，政府发布公告，印度公司股票和银行发行的钞票将逐渐贬值，到年底时必须降到现在面值的一半。人们怨声四起，整个国家进入紧急状态。为了避免暴乱，摄政会议被迫宣布之前的公告无效，又重新恢复了纸币原来的价值。

5月27日，劳被政府解职。摄政王把所有过失都推到劳的头上，并禁止劳进入皇宫。但夜幕降临后，摄政王又派人把劳请进宫，安慰并道歉说他也是迫于无奈。尽管摄政王对劳关怀备至，但人们对劳已经恨之入骨了。人们不断围攻劳的马车，劳随时都有生命危险。随着公众的愤怒与日俱增，劳不得不来到皇宫避难，与摄政王住在一起。

两年前，大法官达格索因为反对劳的计划而被解职，现在他又被召回，以帮助国家渡过难关。6月1日，政府发布命令，允许每个人都可以拥有任意数目的硬币；同时，政府开始发行新钞以回笼旧钞。6月10日，银行重新开张，进行银币兑换纸币的业务。

巴黎的所有人都急匆匆地跑到银行，急着把钞票换成硬币。随着银币越来越少，他们只好换成铜币。人们聚在银行门口，每天都有人被挤死。

7月9日，银行门前的人群异常密集，卫队却关上大门，不再放任何人进去。人们情绪更加激动，人群变得更加拥挤，并有人朝士兵扔石块。士兵们无比愤怒，声称如果再有人扔石块，他们将向人群开枪。"啪"的一声，又飞来一块石头。一名士兵于是举起枪向人群射击，一人应声倒地，另一人身负重伤。形势变得剑拔弩张起来，随时都有可能发生暴乱。

7月17日，银行门前的人群已经密集得水泄不通了，有15个人被挤死了。愤怒的人群把其中三具尸体抬在担架上，七八千人的游行队伍浩浩荡荡地来到皇宫花园。劳的马车正停在皇宫里，被愤怒的人群砸成了碎片。此时议会正在议事，得知劳的马车被人群砸碎的消息，议员们同时站起来大声欢呼，其中一个人兴奋地问："那么劳呢？他也被撕成碎片了吗？"

内阁中有人认为，印度群岛公司的信用危机是由国家巨额债款造成的，所以应该赋予公司一些特权，帮它度过困难时期。摄政王表示赞同，于是政府准备颁布法令，将海上贸易的特权赋予印度群岛公司。但是全国的商人群起而攻之，议会也拒绝通过这项法令。摄政王大怒，要把反对的议员们都放逐到荒远的布鲁瓦兹去。经过达格索的说情，放逐地才改为条件较好的旁杜瓦兹。

议员们决心与摄政王对抗到底，他们在放逐地举行豪华的晚宴，还玩起纸牌和其他娱乐活动，连续几周寻欢作乐，以向摄政王示威。

巴黎的街头巷尾都流传着讥讽劳和摄政王的歌谣。一首歌谣劝人们把纸币当作最贱的纸——放在厕所里的卫生纸。另一首写道："星期一，买股票；星期二，赚了几百万！星期三，买家具去！星期四，买最好的衣衫；星期五，跳舞去！星期六呢，我进了乞丐收容所！"由于群情激愤，劳只好尽量不外出，整天躲在摄政王的皇宫中，以免遭到袭击。如果他一定要冒险出门，就必须花大量时间乔装改扮，或者坐一辆全副武装的皇家马车。因为人们只要一听到劳出行的消息，就会手持棍棒或其他武器从四面八方向他冲过来。

政府发行的新钞，由于利息只有2.5%，没有受到密西西比股票大户的欢迎。许多人更愿意保留劳氏公司的股票，希望有一天它的价值会反弹。为了加快兑换，政府下令，所有面值1000～10000里弗赫的钞票除了用于年金、银行账目结算和分期付款外，其他方面将禁止流通。

10月份，又一个法令规定：从第二年9月以后，所有面值1000～10000里弗赫的钞票都将作废。这对整个纸币系统是一个致命的打击。印度公司和密西西比公司的所有特权都被剥夺了，劳失去了他在财政部的一切影响，再也不可能起死回生。

在国内已经不安全了，绝望的劳决定离开法国。在六名骑兵的护卫下，他坐着邮递马车来到布鲁塞尔，然后又逃往威尼斯，在那里住了几个月。威尼斯的当地人对他非常好奇，以为他是个亿万富翁。实际上，约翰·劳终其一生都只是个赌徒而已，他并不愿意以毁灭一个国家为代价来使自己富起来。他真的希望把法国建设成为欧洲最富有、最强大的国家，而且对自己的计划深信不疑，即使在全国人民都对密西西比股票疯狂的时候也是如此。他曾经那么煊赫，却没有积聚一件金银珠宝，更没有像不诚实的投机者那样把钱转移到国外。他离开法国时，几乎一贫如洗。从这可以看出，他不该承担欺诈的罪名。

他出走的消息一经传开，法国政府立刻没收了他所有的地产，查封了他苦心建立的图书馆。他的妻子、女儿的20万里弗赫的年金也被取消，这份年金是在劳得势时由政府特批的，当时政府向大众宣布，这份年金将永远有效，无论发生任何情况都不能收回。对于劳出逃国外一事，民众很是不满，大家都希望能亲眼看到劳被抬上绞架。

据资料显示，至1721年1月1日为止，法国国债已超过31亿里弗赫，合1.24亿英镑，利息为319.6万英镑。在巨大的债务压力下，政府专门成立了一个委员会，严格审查国债持有人的债券，根据不同情况，或者将债券强行销毁，或者百般挑剔，强迫其价值缩水。这种强制措施虽然牺牲了民众的利益、损害了国家形象，但是减少了债务。

约翰·劳开始隐居国外，但仍然希望有朝一日能够重回法国，在更坚实的基础上重建法国经济。1723年冬天，摄政王的突然去世给他带来了致命一击。他完全绝望了，又开始了赌博生涯。在罗马，他受到债主的逼迫，于是前往丹麦首都哥本哈根。不久后，英国大使准许他回祖国定居，于是他搭乘军舰返回了英国。劳在英国生活了四年，之后又前往威尼斯，1729年在那里去世，他去世时极为穷困潦倒。以下是当时的人们为他写的墓志铭：

> 这里长眠着一位著名的苏格兰人，
> 一位无与伦比的数学家。
> 他通过简单的数学原理，
> 将法兰西变得一贫如洗。

他的兄弟威廉·劳曾与他一起经营银行和密西西比公司，劳逃走后被关进巴士底狱，罪名是盗用公款。但是这项指控缺乏实际证据，所以15个月后他被无罪释放。后来，威廉·劳成了家族的奠基人，这个家族在法国至今仍然赫赫有名。

第二章　南海泡沫

贪婪就像阴沟里升出的浓雾，
遮天蔽日，蔓延飘扬。
政治家和爱国者忙于炒股，
忙得焦头烂额；
无论是贵妇人还是男仆，
在买卖股票时都浑身痒痒。
法官当上了股票经纪人，
主教让全城人都上了当。
在金钱的魔力下，
大不列颠变得无比肮脏。

——浦伯

第一节　牛津伯爵的杰作

1711年，英国政府为了清偿陆军、海军债券和其他一些短期债务，发行了总值近1000万英镑的债券。著名的牛津伯爵哈利立即组建了一家公司，主动把所有债务都背到了自己身上，当时，他甚至连公司的名字都没想好。英国政府喜出望外，同意在一定时期内付给他6%的利息。为了支付相当于60万英镑的年息，政府对该公司经营的酒、醋、印度丝绸、烟草、鱼翅等很多商品都实行永久性退税政策，并许可他们在南海拥有贸易垄断权。这个经议院批准成立的公司叫作南海公司。牛津伯爵在这桩买卖中获取了极大的好处，他的奉承者们把这一策划称为"牛津伯爵的杰作"。

南海公司成立之初，主要目的是获得蕴藏在南美东部海岸的巨大财富。当时的人们认为，在秘鲁、智利和墨西哥等地区的地层下埋藏着取之不尽的金银矿藏，只要能把英格兰的开采商和制造商送上海岸，金砖、银锭马上就会被源源不断地运回国内。据说，当时的西班牙正准备放弃智利和秘鲁海岸的四个港口，这让英国人信心大增。于是，南海公司的股票变得很抢手，持续几年没有下滑趋势。

实际上，西班牙国王菲利普五世并不傻，他从来就没有打算让英国利用西班牙在美洲的港口进行自由贸易，更不准备放弃自己的港口。两国谈判的结果只是签订了一个贩奴合同，合同规定，英国享有向西班牙殖民地运送黑奴的特权，为期30年，但每年只能运送一次，而且轮船吨位和货舱容积必须受限制，也只能运往墨西哥、秘鲁和智利。除此之外，西班牙还附加了一个非常苛刻的条件，要求英国必须把25%的利润交给西班牙，其余75%的利润也要加征5%的税。牛津伯爵及其同僚对谈判结果非常失望。为了维持公众对南海公司的信心，牛津伯爵宣称，西班牙将允许公司在第一年时增加两艘货船。他们还假造了一份清单，虚张声势地罗列着西班牙将向英国开放的所有港口和码头。事实上，直到1717年，一年一次的货船贸易才开始首航，但第二年，英国和西班牙断交了，这项贸易干脆就中止了。

英国国王在1717年议会上发表演讲，暗示公共信用状况正在陷入危机中，并建议采取措施以减少国债。南海公司和英格兰银行立即做出反应。南海公司提议，希望政府能够允许他们以认购等方式增加公司的资本存量，从1000万增加到1200万，为此，他们愿意主动降低自己的利益要求，政府曾承诺给他们6%的利息，现在只要5%就可以。议院通过辩论，接受了南海公司的提案，授权公司发行200万金额的债券。

公司的股票和债券都很抢手，南海公司的名字开始在公众面前频频出现。董事们被一时的成功鼓舞，开始考虑如何进一步扩大影响。他们想到了约翰·劳的密西西比计划，也想在英格兰开始一场同样的计划。尽管他们心里清楚，这样的计划很可能以失败告终，但他们认为还是值得一试。他们认为自己比约翰·劳更聪明，不会陷入危机中。

当劳的密西西比计划在法国如日中天时，英国南海公司的董事们也开始效仿他，把支付国债的大胆计划摆在了议会面前。像法国人一样，英国人也被这个离奇的计划迷惑，数千万人的眼睛里充满了惊喜，仿佛看到了金银财宝滚滚而来的景象。与法国相比，英国开始这场疯狂计划的时间稍晚一些，但痴迷的程度却毫不逊色，所有人都深陷其中，无法自拔。1720年1月22日，英国议会的下议院成立了一个委员会，负责落实国王演讲中关于公共债务的旨意，并讨论关于南海公司分担国债的建议。最后，南海公司揽下了全部国债，总值达

3000多万英镑。

英格兰银行开始游说自己在下议院里的议员朋友，希望自己也能从中分一杯羹。议员们于是说，英格兰银行曾经为国家作出过巨大贡献，如果现在这场公共交易中有什么好处，应该优先考虑英格兰银行。下议院于是把南海公司的建议搁置了五天。英格兰银行立即提交了一份计划。南海公司担心英格兰银行抢了自己的份额，对原计划又做了一些修改，其中的条件更加优越了。其中最主要的改动，是把原定七年的国债偿还期改为四年。为了竞争，英格兰银行也重新考虑了自己的建议，提交了一个新的方案。

下议院开始辩论。英格兰银行一方的首席发言人是罗伯特·沃普勒，而财政大臣艾斯拉比则是南海公司的主要支持者。2月2日，辩论有了结果，他们认为南海公司的建议对国家更有利，可以全盘接受。

厄雷交易街的气氛变得热烈起来，南海公司的股价在一天之内就由130英镑升到300英镑——随着下议院的讨论而升高，并以惊人的速度继续攀升。最后议院内的反对派只剩下沃普勒一个人，他沉痛地慷慨陈词：

"这种股票投机生意将给英国带来可怕的灾难。它会扼杀全民在工商业方面的才智；它会迷惑大众，让所有人都陷入财富会从天而降的幻想中，再也不愿意靠劳动赚钱，从而走向毁灭。可以肯定地说，这项计划是一场阴谋，它煽动起大众对金钱的迷恋，人为地提高股价，它的分红诺言远远超出真实的价值，是绝对不可能实现的。"

他还预言，如果这项计划能获得成功，南海公司的董事们就有可能主宰政府、控制立法，甚至对大英帝国进行独裁统治；如果失败，则会造成整个国家的穷困和毁灭。

尽管沃普勒的挚友们把他比作卡桑德拉（古希腊神话中能预言凶事的神），认为他能够预言灾难，但是普通大众却不这么想。大家都把他当作一只只会"嘎嘎"乱叫的乌鸦，发出的都是不祥之音，认为他成事不足、败事有余。起初，议员们还能听听沃普勒的发言，但只要听到他声称要揭露南海公司的阴谋，就纷纷离座。

下议院用两个月的时间讨论这项议案。期间，南海公司的人用尽一切手段，促使议会通过这项议案，并且通过议长约翰·布伦特爵士提高了股票价格。同时，他们四处散布谣言：英国已经与西班牙达成协议，西班牙将开放其所有的殖民地，英国可以在其中自由贸易；波斯拉各斯的丰富矿藏将被开发并运往英国，那时，英国的财富将变得像铁一样多；墨西哥人即将出让他们的金矿，用以交换英国的棉花和羊毛，所有与南海公司做生意的英国人都将变成百万富豪，即使只投资100英镑，都会带来数倍的红利……就这样，南海公司把股价提高到了400英镑。此后股价有一个大幅度波动，当下议院以172票对55票的多数票通过这项议案时，股价稳定在330英镑。

这项议案获得通过的速度是史无前例的：4月4日宣读第一遍，5日第二遍，6日评议，7日宣读第三遍后即获得通过。

有几名贵族强烈反对这项计划，但大多数人都深陷投机狂潮，对贵族的警告置若罔闻。库珀伯爵把这项议案比作著名的特洛伊木马，说它是一场蛊惑人心的大骗局，必将淹没道义，把人民引向毁灭。但这种意见并没有人理会。

第二节　惊天骗局

那时候，整个国家都陷入股票投机的狂潮中。厄雷交易街从早到晚都挤满了人，康恩希尔街也停满了马车，街上堵得水泄不通，仿佛所有的英国人都赶来抢购股票。当时有民谣唱道：

> 权贵混迹于乌合之众之中，
> 买股卖股贪黑起早。
> 犹太人和异教徒聚集在一起，
> 不停地争吵。
> 高贵的太太乘着马车往来奔跑，
> 为了在股票交易中找到机会，
> 她们狠心当掉了全部珠宝。

大众的发财梦很强烈，因此全都密切关注着南海公司。南海公司立刻实施更为引人注目的方案，并以更快的速度填写股单，股票成车地运来。这让大众更加眼红，更加疯狂，他们在无意中协助了南海公司抬高股价。

但出人意料的是，国王批准议案之后，南海股票股价却下跌了。4月7日股票的成交价为310英镑，第二天跌到了290英镑。虽然董事们已经从这项计划中获得了很大的利益，但他们仍不会就此放弃，立即派出密使到处散播谣言，向人们描述蕴藏在南美洲的巨大财富。民众很快相信了这样一个谣言：西班牙政府向斯坦霍普伯爵提议，准备用秘鲁海岸的某些地方交换直布罗陀和玛汉港，以便扩大南海贸易额，并增加安全性；不仅如此，原定每年一次的航运限额也要取消，西班牙也不再收取25%的利润了，南海公司想要拥有多少商船就可以拥有多少商船，而且不必向西班牙交一分钱。这个美丽的谣言迅速传开，股市立即反弹。4月12日，公司发行100万份认购单，社会各界争相购买，首次认购就超过了200万原始股。认购单的发售按价格的1/5收取预付金，也就是说，每100英镑收取20英镑预付金。几天之内，股票成交价升到340英镑，认购单价格也翻了一倍。4月21日，为了继续提高交易量，董事会宣布，夏季中期的股息为10%，所有认购单都有相同的权利。这使得大家变得更加疯狂。为了满足股民的需求，公司又以400％的价格发行了第二个100万份股票。所有人都疯狂了，纷纷卷入这场一浪高过一浪的投机之中，几小时内，竟然以这个价格卖掉150万份认购单。

在这段狂热的时间里，新建的股份公司不计其数，其中许多公司很快就消失得无影无踪，有的只维持了两个星期甚至更短的时间。新方案、新工程一个接一个。即使是最高等的贵族也希望成为股票经纪人，梦想在这次投机狂潮中发一笔横财。有趣的是，威尔士王子竟然放下皇族身份，到一家经纪公司做了主管，据说很快就赚了四万英镑。大大小小的方案相继提出，一项比一项更狡诈、更夸张。据估计，在这场毫无保障的游戏中，至少有150万英镑易主。许多人被骗得一贫如洗，而许多骗子变成了暴发户。

在提出的方案中，有些方案看上去似乎非常合理，但仅仅是为了增加市场占有量。在第一天价格上升的时候，实施者就立即将它卖出，第二天，这个方案就寿终正寝了。其中有很多方案非常离奇，比如，有一个方案要建立一个"用锯屑制造纯正的木板"的公司；有一个方案要制造一种永动轮；有一个方案是"促进英格兰的牧马业、改良牧师和教堂的用地、修建教区长和牧师的房屋"。最荒诞不经的是这样一个项目，它的标题是"一家从事有巨大利润可图的贸易公司，但谁也不能深究其具体的业务"。还有一个人，十分聪明且大胆，他发布了一份募股书说："本人有一个项目，需要50万英镑的资本，分为5000股，每股面值100英镑，定金2英镑，认购者只需支付定金，每年每股就能得到100英镑的股息。"第二天上午9点，他来到康恩希尔街打开办公室的房门，人群蜂拥而至，差一点将他挤倒。到下午3点时，他已卖出了1000股，并且都付了定金。这个幸运的人在五个小时里就赚了2000英镑。他见好就收，当晚就逃得不知去向了。

还有一个非常成功的骗局，行骗者用的是所谓的"环球许可证"。这些许可证只不过是一些扑克牌形状的方纸片，贴有"环球饭店"的标记，并刻着"帆布许可证"的字样。据说，在将来的某个时间，持证者可以认购一家新建的帆布厂的股票。而这些许可证在厄雷交易街上的售价高达 60 个金币。

此时此刻，各个阶层的人都被深深地卷进这些骗局之中。男人们聚集在酒馆或者咖啡馆内，忙着会见经纪人。女人们聚集在服饰店和杂货店，急切地打探行情。他们并不一定真的相信那些项目的可能性，只是希望能趁机大捞一笔。人群拥挤在交易街上，局面变得混乱不堪，有时，同一只股票在大街两头的差价达 10%。

难得的是，即使在这种时候，仍然有人保持着冷静的头脑。坚强的"乌鸦"沃普勒先生继续大声呼吁，其他一些人也越来越清晰地意识到这是一场骗局，异常地担心事态会继续恶化。这引起了政府的关注。6 月 11 日，国王发布公告，宣布所有的非法项目都不被政府承认，禁止任何经纪人买卖这些项目的股票。7 月 12 日，高等法院发布命令，退回所有的专利和特许申请书，解散所有泡沫公司。命令中列举了非法项目的名单，其中一些项目让人难以置信：

有效安置布兰科岛和索塔尔哥斯岛的公司。

促进英格兰的牧马业、改良牧师和教堂的用地、修建教区长和牧师的房屋的公司。

头发贸易公司。

一家从事有巨大利润可图的贸易公司，但是谁也不得深究其具体的业务。

为鼓励勤勉而建立贷款办公室的公司，资本200万。

玻璃瓶和其他玻璃制造公司。

永动轮制造公司，资本100万。

花园改造公司。

增加和保障儿童财产公司。

以小折现率支付寡妇和其他人的养老金的公司，资本200万。

为所有男女主人因仆人造成损失而保险的公司，资本300万。

为收容和养育私生儿童而建造房屋和医院的公司，资本200万。

不用火而且不发生物质损失就能漂白粗糖的公司。

从铅中提炼银的公司。

把水银变成黄金并掺入其他金属的公司。

用干草和稻草装饰伦敦和威斯特城的公司，资本300万。

虽然政府果断地取缔了这些泡沫公司，但是，每天仍会产生许多新的泡沫公司。印刷店里堆满了讽刺漫画，报纸上也不断刊登讽刺短诗和短文。一位扑克牌制造商颇具创意，制造了一种"南海扑克"，牌上除了印有一幅常见的图画外，还印有一幅泡沫公司的漫画，并附有相应的诗句。例如，方块8的牌上面画着阿卡地亚殖民地公司，并配上一首打油诗："有个骗子实际是个傻瓜，他把北美荒地当成了家。谁会认购那些骗人的股票？只有蠢驴才会相信他的鬼话。"这副扑克的每一张牌风格都很相似，都揭露了一个欺诈的计划，并嘲讽那些上当受骗的人。有人计算过，这副扑克牌中描绘的项目总资本高达三亿英镑。

因为贪财和轻信，许多人的财富都被南海大骗局吞没了。4月29日，股价飚升到500英镑，约有2/3的政府人员前来购买南海公司的股票。在整个5月，股价持续攀升，到28日时已高达550英镑，四天之后升至890英镑。股民都觉得股价不会再继续升高了，于是开始抛售。到6月3日，股价从890英镑跌到了640英镑。董事们急忙命令代理人买进。当晚，人们的信心又开始恢复了，股价反弹到750英镑。直到6月22日，股价一直稳定在这一价位。

此后，董事们施展各种伎俩操纵股市价格。8月，股价竟然升到了1000英镑。之后，就开始了起伏不定的回落，泡沫开始逐渐破灭，股市陷入低迷中。到了9月2日，股价只有700英镑了。

为了防止公众对公司股票完全绝望，9月8日，董事会召集了一次全体会议。公司副主管约翰·费洛斯爵士主持会议，他宣读了公司董事会的几项提案，又提出了可补偿基金、不可补偿基金和预付金等账务处理的方法。随后，克拉各斯先生发言了，他呼吁大家精诚团结、共渡难关。

这次会议作用并不大。大众继续抛售股票，当晚，股价跌到了640英镑，次日跌至540英镑，几天后落至400英镑。

9月12日，南海公司的董事和英格兰银行的董事召开联席会议。很快有人透露消息说，英格兰银行已经同意向南海公司注资600万英镑。消息一经传开，股价立即反弹至670英镑。但到了下午，这条消息被证实是毫无根据的流言，股价马上回落到580英镑，次日又跌至570英镑，之后大致稳定在400英镑。

情况已经十分紧急了，只要董事会成员出现在街头，就会招致人们的辱骂甚至殴打。所有股民心中都充满愤怒，警察随时都能抓到危险的暴徒。一封接一封的公文被送到国王那里，正在乡下家中赋闲的沃普勒也接到指示，让他利用自己与英格兰银行董事会的关系，说服银行接受南海公司的建议，接手该公司的证券。

最后，英格兰银行极为勉强地接受了全部建议，但南海公司的股价还是急速下跌，无法遏止。南海公司的债券早就声名狼藉了，即使是那些原本很有实力的金匠和银行家也因为大量买入南海股份而无法运营，只能关门。灾难也笼罩到英格兰银行头上。上午，英格兰银行还在飞快地接受认购，下午就不得不以更快的速度付出现金。英格兰银行的股价跌到150英镑，不久，又跌到了135英镑。英格兰银行终于发现，这种做法根本不可能恢复公众的信心，更不可能遏制住南海公司毁灭的大潮。英格兰银行不想承担死无葬身之地的风险，于是终止了一部分协议。

就这样，南海公司这个神奇的泡沫在不到八个月的时间里就由盛转衰，直至消亡。它实质上只是一场骗局、一个荒诞的幻觉、一个巨大的肥皂泡，令人惊骇。导演者的谎言一旦被戳穿,它就轰然消失了。在这个神奇的泡沫肆意膨胀的日子里,公众们变得不再理智,不再满足于从事那些赢利较慢的产业,人人都渴望能够立刻拥有无穷无尽的财富,于是铤而走险。奢侈之风越来越盛行,道德品行越来越堕落。愚昧无知的人也可以一夜暴富,这让那些自以为聪明的人羞愧难当。那些狂妄之徒甚至说要用金子去喂马,到最后却还是得自己动手烧水做饭。他们傲慢的目光、夸张的言辞、放肆的举止全都销声匿迹了,留给他们的只是百倍的贫穷和羞辱。

第三节 紧急措施

在英国各地,事态都变得非常严重。国王乔治从汉诺威行宫火速返回,于11月11日回到英格兰。12月8日,议会召开会议。会议期间,全国所有城市,无论大小,都举行了公共集会,强烈要求立法机关严惩南海公司的董事们。大家认为,如果不是他们的欺诈,国家怎么会走向毁灭的边缘?没有人责备大众的轻信与贪婪,大家都认为,人民是单纯、诚实、勤奋的,只是被一伙强盗蒙蔽了,因此这帮强盗罪该万死。

议会通过了沃普勒的提案,英格兰银行和东印度公司接收了1800万英镑的南海债券,以恢复国家信用。议会还通过另一个提案,要求南海公司董事会成员、主管、副主管、会计、出纳和职员在一年内不得出国,并调查他们的财产状况,以避免他们转移资产。议会批准成立了一个由13人组成的秘密委员会,该委员会有权提取被审查人员的文件和档案。

所有议员都对南海公司充满愤怒。罗切斯特主教说:"这个计划是一场瘟疫。"

沃顿公爵也表态："议会决不能对他们怀有任何仁慈。即使是最亲密的朋友，一旦涉嫌，我也会跟他一刀两断。这帮恶棍巧取豪夺，使得全国不得安宁，必须给予他们最严厉的惩罚。"斯坦霍普伯爵提议："为了弥补公众的损失，罪犯的每一分钱都要没收，不论他是不是董事会成员，也不论他的钱是不是在这个计划中获得的。"

群众的愤激之情达到了顶点。提起南海公司，人们就会想到骗局和邪恶。举国上下都在发生请愿活动，人民纷纷要求审判这些侵吞公款的坏蛋。1721年1月21日，所有与南海计划产生过瓜葛的经纪人都被传唤，要求他们呈交账目，报告他们经手过的每一笔买卖，尤其是财政部官员的认股情况。

南海公司的会计名叫奈特，他参与过南海公司所有危害巨大的阴谋活动。因此他一听到风声，便携带着大宗账目和文件逃亡国外。他给自己做了伪装，先登上一条小船，然后雇了一条大船，最后逃到了法国加来。秘密委员会向议会通报了他的情况，议会马上向国王递交了两份报告：第一，请求国王发布通缉令，悬赏重金捉拿奈特；第二，请求国王立即下令关闭所有港口，以防南海公司其他职员逃离国境。国王当晚发布命令，悬赏2000英镑捉拿奈特。

许多南海董事都被召集起来，分别接受质询。秘密委员会认为，这场阴谋的幕后主使是约翰·布伦特爵士。此人宣称自己有坚定的宗教信仰，为了证明这一点，他常常做出一些极端的举动，比如，他总是大张旗鼓地讨伐当代人的奢华腐败，以及议会的偏见，异常猛烈地鞭挞名门望族的贪婪无耻。布伦特爵士被传唤，受到很长时间的质询，但就几个重要问题他拒绝作出回答。在政府内部，布伦特的同情者与反对者进行了激烈的争论。同情者认为，约翰·布伦特爵士为人随和、沉默寡言，而且对政府有贡献。沃顿公爵则对此持强烈的反对观点，激动之下突然热血上头，迫不得已地离开了议院，傍晚时便昏迷不醒，不久便去世了。这位国会议员的猝死使全国都陷入悲哀中，乔治一世更是悲痛欲绝，他把自己反锁在密室，放声痛哭长达几个小时，谁劝也不肯出来。

2月16日，秘密委员会向议会提交报告，陈述说调查工作中面临着数不清的障碍。每个接受审查的人都在拼命撒谎，妄图逃避正义的审判；许多账目都是胡编乱造的；有些账目根本不写股东的名字，到处都是涂改过的痕迹；有的地方甚至被整页地撕掉了；有些非常重要的账本已经被销毁，或者被转移、隐藏起来了。但他们最终还是查出一笔账目记录，主要由约翰·布伦特、吉朋和奈特三人掌握，内容是把不同面额的股票分配给几位政府官员，用于贿赂他们以促成议案的通过。这笔账目的分配如下：桑德兰伯爵五万英镑，肯德尔女公爵一万英镑，普拉顿伯爵夫人以及她的两个侄子各五万英镑，查理斯·斯坦霍普爵士一万英镑，等等。另外，斯坦霍普爵士假借某公司的名义接受了25万英镑，但账本上有些地方却把他的名字涂掉了。财政大臣艾斯拉比有一个与南海公司同名的账户，上面有70多万英镑；他还曾建议公司把第二批认购单做成150万而不是100万，由公司自己掌控，且没有任何担保。第三次认购单的分配更加赤裸而大胆：艾斯拉比先生7万英镑，老克拉各斯先生65.9万英镑，桑德兰伯爵16万英镑，斯坦霍普47万英镑。

  第二天上午，这篇报告提交议会讨论。经过激烈地辩论，议会决定制裁董事会成员，包括和他们有瓜葛的政府官员。议会宣布，这些人的财产统统没收，用来补偿受到伤害的公众。

第四节　罪犯受审

  首先受到审讯的是查理斯·斯坦霍普。他竭力为自己辩护，把罪责推得一干二净。他说，在过去几年里，他将所有的钱都存在了奈特手上，奈特为他买进的股票，他全都照价支付了。至于某公司为他买的股票，他根本就不知情，自然也不应该由他本人负责。在法庭上，由于有人尽力包庇他，他以三票的微弱优势被宣判无罪。对他的无罪判决在全国各地引起了不满，伦敦到处都在发生着带有示威性质的集会和骚乱，局势更加紧张了。

在宣布斯坦霍普无罪的当天，开始审判艾斯拉比。议会周围的大街小巷都挤满了民众，焦躁不安地等待着判决结果，一时之间群情激昂，难以控制。议会对此辩论了整整一天，没有一个人敢站出来替艾斯拉比说话，他彻底成了孤家寡人。最后的结论毫无争议：艾斯拉比为了个人私利，促成了南海阴谋；他参与了南海公司的经营活动，祸国殃民，应该坚决逐出议会，成为伦敦塔监狱中的重罪犯；他必须如实报告所有财产，他的财产将被悉数没收，用来救济那些受害的人们。这一判决大快人心，尽管当时已是深夜12点，但消息还是在一瞬间传遍了全城。有人甚至点燃了自己的房子以示庆贺。第二天一早，艾斯拉比被押往伦敦塔监狱，人们聚集在路边，一边破口大骂，一边朝他投掷杂物。晚上的时候，人们又燃起篝火，跳舞以庆。

为了进一步平息民愤，议会又没收了乔治·卡斯沃尔爵士的财产，罚款25万英镑，并把他关进伦敦塔监狱。随后，秘密委员会开始审查桑德兰伯爵。此人德高望重，议会通过百般努力来这位贵族洗清罪名，最后以233票对172票宣布他无罪。但是，全国人民都知道他有罪，于是人们再次走上街头集会，以表达他们的愤慨。

在人民群众走上街头集会的同时，老克拉各斯去世了。人们普遍传言，他是畏罪服毒自杀而身亡的，因为根据议会的安排，次日就要审理他的案子了。但实际情况不是这样。在一个月以前，他在财政部担任秘书的儿子死于梅毒。而他之所以不惜出卖名誉聚敛钱财，就是因为这个可恨又可怜的儿子。老克拉各斯完全处在老年丧子的悲痛之中，再加上罪行暴露，更是惶恐不安，最后他突发中风去世了。老克拉各斯死后，他的150万英镑遗产全部被没收，用来补偿受害者。

董事会成员一个接一个地接受审判，议会几乎没收了他们的全部财产，总额高达240万英镑。一个董事会成员的后人在回忆录中写道："1716年，我祖父被推举为南海公司的董事。在这之前他已拥有了六万英镑的财产。但是，1720年的那场浩劫改变了他的命运，30年的劳动成果一夜之间化为乌有。我祖父和他的董事朋友们到底有罪还是无辜，我无权评价。但是我相信，当时那种凶暴独断的诉讼方式是不公正的，它使正义蒙受耻辱，使非正义更加盛行。"

他还写道："立法机关限制董事们的人身权利，强行剥夺他们的人身自由，使他们的人格受到了侮辱。他们被迫发誓上交所有财产，决不保留或有一丝一毫的转移。原本，每一个狱中的在押犯都享有向辩护律师申诉的权利，可是他们却被剥夺了这个权利。执法者并不需要证据，也根本不理会他们的申辩。决定这33个英国人命运和名誉的并不是庄严、公正和冷静的审查，而是随便的一个会议就得出的结论，他们的命运完全握在几个卑鄙的秘密委员会成员的手里。"

董事会成员遭到清查后，议会开始着手恢复政府的信用。到1721年年底，南海公司的全部股票本金终于计算出来了，总值为3780万英镑，其中分派给全部股票所有者的有2450万英镑，剩下的1330万英镑被公司占有，这是他们趁国家危难之际发财的重要证据。公司从中拿出800万英镑用于其股票所有者的分红，红利是每股33.68英镑。

彻底恢复政府信用是一个长期的过程。经过这场灾难，企业开始变得小心谨慎。在贸易极度繁荣的时候，也曾出现过几次过度投机的倾向。但幸运的是，人们有效避免了南海泡沫这类灾难的再度发生。

第三章　了不起的郁金香

啊，谁在疯狂，市民！

——卢梭

第一节　花中骄子

大约在 16 世纪中叶，郁金香传入西欧。据说，郁金香这个名称源于土耳其语，意思是螺旋贝。瑞士博物学家康拉德·杰斯奈尔曾说过，郁金香的引入具有很大的意义，但他可能做梦也没想到，郁金香竟会产生如此大的影响。他说，1559 年，在当时极有名气的收藏家兼学者康赛勒·赫尔瓦特律师的花园里，他第一次看到郁金香。花是一个朋友送给赫尔瓦特律师的，那位朋友住在土耳其的君士坦丁堡，在那里，郁金香已成为人们的宠爱之物。之后的十余年，在荷兰和德国，郁金香也发展成为富人们的宠爱之物，于是人们开始以高于珠宝甚至古董的价格买卖郁金香。阿姆斯特丹的富翁们常常不惜高价，派人直接到君士坦丁堡购买郁金香。1600 年，有人把郁金香从维也纳带到了英国。1634 年，是郁金香声誉最盛之时，那时，如果某户人家不养几朵郁金香，就会被认为是毫无品位。因为郁金香是一种很容易产生变异的花种，每一株的花朵都有或大或小的色差，所以人们相互竞争，希望自己能发现并拥有全套的色调变化，然后把颜色各异的郁金香摆成一排给人看，就像孔雀开屏一样。

当时，许多著名学者都热衷于收藏郁金香，这种风气很快就影响到了中产阶级。大商人、小店主甚至经济状况一般的人也开始争相攀比，看谁拥有更多的珍奇品种，谁肯出更高的价钱买花。有位商人花去了一半的家产买了一株郁金香，从此声名大振。他之所以这样做，并不是为了转手获利，只是为了赢得人们的尊重和羡慕。

英国诗人考雷曾经盛赞郁金香：

郁金香啊郁金香，
你给人类带来了无限的欢乐。
当世界上的一切都失去色彩时，
你仍然会一枝独秀。
每一次培育，你都会更加美丽芬芳。
你如此令人赏心悦目，
所有的花都相形见绌。

在《发明的历史》一书中，贝克曼满怀激情地描绘郁金香："没有任何植物能像郁金香那样出类拔萃，即使经历过意外的伤害，它仍能美艳非凡。未经培植的郁金香浑身散发着大自然的气息，颜色单纯，阔叶长茎。培植之后，花瓣儿会变小，颜色会变淡，叶子呈淡绿色。这时候，它就成了一种园艺精品，深受花商和养花人的喜爱。培育郁金香需要高超的技艺和精心的呵护，它难以移植，移植之后又很难成活，它也因此而更加娇贵。"

1634年，荷兰人对这种花产生了浓厚的兴趣，以至于不再关心工业问题和人口问题。当时，即使是社会最底层的人也开始做起郁金香买卖。随着郁金香交易越来越火爆，它的价格也跟着飞涨。1635年，40株郁金香可以卖到10万弗洛林的高价。甚至有人愿意以12公顷（0.12平方千米）的闹市地产换取一枝郁金香球。当时，郁金香的计量单位是波里兹，这个重量单位比厘还要小。400波里兹重的名叫"里夫肯上将"的品种，价值4400弗洛林；446波里兹重的名叫"范·德·埃克上将"的品种，价值1260弗洛林；106波里兹重的名叫"切尔德"的品种，价值1615弗洛林；400波里兹重的名叫"总督"的品种，价值3000弗洛林；最珍贵的是一种名叫"奥古斯特"的品种，每200波里兹的最低价是 5500 弗洛林。人人都希望拥有"奥古斯特"的种子，因为在这个品种中即使是最差的球茎也能卖到 2000 弗洛林。1636 年初，全荷兰只有两棵"奥古斯特"，一棵在阿姆斯特丹，另一棵在哈勒姆。哈勒姆的那一棵换来了 12 英亩（约 4.8 万平方米）的地产，阿姆斯特丹的那棵卖了 4600 弗洛林，外加两辆新马车、两匹马和全套的马具。

当时有位作家列举了换取一株"总督"品种郁金香所需的各种物品及其价值：

8000 磅小麦	48 弗洛林
16000 磅黑麦	558 弗洛林
4 头肥牛	480 弗洛林
8 头肥猪	240 弗洛林
12 只肥羊	120 弗洛林
2 大桶葡萄酒	70 弗洛林
4 大桶啤酒	32 弗洛林
2 大桶黄油	192 弗洛林
1000 磅奶酪	120 弗洛林
1 张大床	100 弗洛林
1 套衣服	80 弗洛林
1 只银酒杯	60 弗洛林

共计 2500 弗洛林

第二节 荒谬逸事

布兰维尔的《游记》记载过这样一个故事。一位富商拥有几株珍品郁金香，为此非常得意。一天，有个水手告诉他，码头上有一批珍贵货物正要运往列文特。这位富商想承揽这笔生意，派水手去打听消息。作为酬谢，富商赏给水手一条红鲱鱼作为早餐。这位水手特别喜欢吃洋葱，他在富商的桌子上看到一个类似于洋葱的东西，趁人不注意时塞进了口袋，打算用它做为红鲱鱼的调味品。然后，他带着"洋葱"回码头享用早餐了。很快，富商发现那棵珍贵的"萨姆波·奥古斯特"郁金香不见了，立即命令全体手下四处寻找。整个屋子都翻了好几遍，依旧徒劳无功。富商沮丧之至极，忽然想起有位水手曾来过家里。他发疯似的冲到马路上，向码头跑去，身后跟着惊慌失措的家人。一群人狂奔到了码头，发现那个水手正坐在一捆绳子上，品尝着最后一小块"洋葱"。这个目光短浅的水手根本不知道，他这顿早餐的价值足够全船的人享用整整一年，或者像那位被偷的富商所说的，足够宴请一次奥兰王子和省政府的所有官员。最后，愤怒的富商控告水手犯了抢劫罪，水手因此坐牢好几个月。

另一个故事同样荒唐可笑，这件事发生在一位英国旅行家身上，他是一位植物学的业余爱好者。一天，在一个荷兰富翁的温室里，他碰巧发现了被珍藏的郁金香球茎。他没见过这种植物，很好奇，于是拿出随身携带的小刀，一层一层地剥去这个球茎的皮，想看清楚它的结构。剥到一半时，他又把它切成两半，仔细地观察球茎的每一部分。这时，球茎的主人看到了他的行为，愤怒地扑了过来，两眼仿佛喷着火，声嘶力竭地质问他："你知道自己都做了些什么吗？"旅行家茫然地回答："我在剥一头最稀奇古怪的洋葱呀！""蠢货！"荷兰人破口大骂，"它可是'范·德·埃克上将'啊！""谢谢！"旅行家掏出笔记本，把这个名称记了下来，问道："这些上将在你们国家很常见吗？""你就是魔鬼！"荷兰富翁咬牙切齿地说，狠狠地揪住了这个惊诧不已的旅行家的衣领，"到了市政官那里，你就明白了！"说完就不由分说地把他带到了市政官那里。这时旅行家才明白，原来那个古怪的球茎竟然价值4000弗洛林。无论他如何哀求，最终还是被关进监狱，直到他凑足了赔偿金才获释。

1636年，追求郁金香珍品的热情空前高涨。在郁金香股票的涨落中，郁金香批发商们大做投机买卖，在价格低时买进，价格高时卖出，赚取了大笔金钱，有的甚至一夜暴富。在金钱的诱惑下，人们纷纷涌向郁金香市场。世界各地的富翁也络绎不绝地来到荷兰，毫不犹豫地买下天价郁金香。全世界的财富似乎都聚集在荷兰的北部海岸了。贵族、市民、农夫、修理工、海员、男女仆人，甚至连打扫烟囱的清洁工和年老的洗衣妇也加入进来，他们都试着做投机买卖。人们纷纷把他们的财产换成现钱，投入交易。房地产被人们以极低的价格出售或抵押，只为了能得到现钱。在这场狂热中，国外的人也为此神魂颠倒，积极地从世界各地把金钱带给荷兰。生活必需品的价格飞速上涨，新建的房屋、马和马车、各种奢侈品的价格也随着郁金香的价格而上涨。荷兰成为接待来自世界各地富商的地方。郁金香的交易量越来越大，变得越来越广泛和复杂，政府不得不为此而颁布一整套的法律条文，并任命了公证员和职员，全职参与到交易之中。在很多落后的地区，人们从来不知道有公证这回事，但现在他们都知道有郁金香公证这回事。在一些小城镇，由于没有建立专门的交易所，人们就聚集在较大的酒馆里讨价还价，一边吃喝一边交易。这种宴会有时会吸引二三百人参加，在酒馆的桌子上和过道两边，都摆放着一盆盆盛开的郁金香，让人们可以大饱眼福。

第三节　大幅度贬值

有些精明人早已预料到，这种狂热不会永远持续下去。富翁们高价买花，不是为了种到自己的花园里，而是为了转手卖出，以获取更大的利润。大家都明白，最后总会有人血本无归。随着这种想法的出现，郁金香的价格骤然下跌，再也没能反弹。

交易商们开始感到惶恐不安。有人本来同意以每株 4000 弗洛林的价格预定 10 株"萨姆波·奥古斯特"，但是在合同签订一个月后，花价已经降到 300 弗洛林一株了，卖方准备履约供花，但买者却拒绝接受这些花，即使降到 300 弗洛林也不要。在整个荷兰，所有的城镇里，每天有很多这样的违约者被传讯。少数已经发了财的人开始转移钱财，偷偷转移到英国或投到其他产业上。有一些在郁金香交易的高峰期暴富的人，现在又沦落回贫贱的境地，众多贵族只能眼睁睁看着自己家徒四壁。

形势稍微平息之后，几个城市的郁金香持有者便联合起来，讨论如何恢复大众的信心。大家达成一致意见，把各地的经纪人都召集到阿姆斯特丹，一起与政府交涉。最后，政府与交易商达成了一个协议：在郁金香高峰期即 1636 年 11 月以前签订的合同，全部失去法律效力；此后签订的合同，如果买方想终止，必须补偿卖方 10% 的费用。这个决定使买卖双方都不满意，那些信守合同买了花的人更是觉得吃了大亏。全国各地的交易者纷纷向当地法庭提出违约诉讼，但法庭拒绝审理这类案件，理由是它带有赌博性质。

最后，事情惊动了议会，人们希望它能够拿出一个妥善的解决办法。但是人们等啊等，始终等不来结果。时间一天一天地过去了，议员们讨论了三个多月，最后宣布，在得到更多的材料之前，他们不会提出最终的解决方案。他们只是建议，卖方应该以目前的价格把郁金香卖给买方，如果买方拒绝，就应该公开拍卖郁金香，差价由合同上的最初买主承担。其实，这个方案正是郁金香经纪人提出的，但它已被证明没有多大效果。问题又重新抛给了阿姆斯特丹的法官们，而法官们却一致拒绝干预，因为法律规定，赌博合同所涉及的债务是无效的。

事情就这样无限期地搁置下来。谁持有郁金香，谁就成了不幸的人，只能承受着这场灾难带给他们的损失。在这场灾难中，国家的商业也受到了深重的打击，元气大伤，直到多年以后才得以恢复。

在一定程度上，英国人也重复了荷兰人的狂热。1636年，伦敦的交易所公开买卖郁金香，经纪人把花价抬到了与阿姆斯特丹一样的水平。巴黎的经纪人也一样，他们试图掀起一场"郁金香热"，但并没有如愿以偿，不过，这倒使某些人从此爱上了郁金香。当然，对郁金香最情有独钟的还是荷兰人，就像富有的英国人喜欢吹嘘他的上等赛马和古画一样，富有的荷兰人最喜欢炫耀他们的郁金香。

第四章　圣物崇拜

一件先人的小玩意儿破烂不堪，
铠甲叮当作响，铁盔锈迹斑斑。
破旧不堪的水桶，层层剥落的铆钉，
追溯洪荒年代之前。

——彭斯

第一节　爱的神圣化

只要人的心里怀有情感，就永远不会失去对遗物的珍爱。有人会珍藏亡妻生前垂在额头的一绺头发，珍藏亡子生前挂在脖子前的小玩意儿，把它们当成家中的圣物。活人总是试图挽留死者，这份真情是无价的。对于一个幸存者来说，如果他看到已故亲友曾在某本书上留下了一些字迹，那本书就可以成为无价之宝了。除了这些温馨的家庭遗物外，其他的一些纪念物也是不容忽视的：比如有莎士比亚亲笔签名的《蒙田文集》；比如一把珍藏在安特卫普的椅子，鲁宾斯就是坐着这把椅子完成了不朽名画《基督下十字架》的；在佛罗伦萨博物馆里，收藏着一架望远镜，伽利略就是通过它发现了自然的奥秘；另外，威廉·泰尔使用过的弓、华莱士或汉普顿用过的剑，这些怎么能不令人浮想联翩、无比珍视呢？由于对伟大和美德的热爱，许多物品都被神圣化了。

圣物崇拜是爱的神圣化。不过，虽然这种愿望纯洁而美好，但如果超过一定的度，就会变得荒谬和愚蠢！人们崇拜伟人和他们用过的东西，但他们常常忘记，伟人之所以伟大，是因为美德。某些人只顾追寻圣徒的遗骸、国王擦过鼻子的手帕或者吊死过犯人的绳子这样的东西，却忘记追寻伟人的美德，这真是愚蠢至极。他们热衷于挖掘古墓里的殉葬品，对所有名人都顶礼膜拜，却不在乎圣人和罪犯、哲学家和骗子、征服者和杀人犯、大臣和大盗的分别。他们踏遍整个地球，只为搜寻这些人的遗物。

现代圣物崇拜的起源，大概开始与十字军东征前不久。当时，第一批到圣地朝拜的信徒把各种各样的圣物带回欧洲，这是他们耗尽积蓄买回的圣物，但

第四章 圣物崇拜

这些圣物的真假没人能分辨。在这些圣物里，人们最津津乐道的是"真正的十字架"上的木头，据说当初耶稣就是在这根十字架上被钉死的。它到处出现，甚至随时出现，好像永远不会消失一样。在罗马天主教堂就有一块，据说是康斯坦丁大帝的母亲海伦太后在耶路撒冷发现的。狄奥多修斯皇帝把它送给了米兰大主教，大主教用宝石把这块木头装饰起来，供奉在米兰最大的教堂。后来，匈奴人抢走了这块神木，把镶在上面的宝石挖了出来，然后把木头烧掉了。在11～12世纪的欧洲，几乎每个大教堂都能看到一些碎木片，它们都被说成是从那个"真正的十字架"上砍下来的。这样的碎木片非常多，如果搜集到一起，差不多可以建一座教堂了。但人们认为这些木头可以避邪，而且能治愈多年的顽症。圣徒们每年都要朝拜这些木头，教堂的收入因此变得非常可观。

还有一个关于贵重遗物的传闻，是关于耶稣基督的眼泪。信徒们从来不会想想，是谁用什么办法把它们保存下来的呢？难道在耶稣哭泣的时候把水盆放到他的胸前？信徒们不会考虑这些，只要圣地的基督徒说它是，那么它就是。除了耶稣的眼泪之外，圣母玛利亚的眼泪和圣彼得的眼泪也有，它们被密封在小匣子里，虔诚的信徒把它们佩戴在胸前。除了眼泪之外，最珍贵的遗物还有耶稣和殉道者的血滴，以及圣母玛利亚的乳汁、头发和指甲，它们都极负盛名，价格也惊人的昂贵。其实，许多脚指甲都是从牧师的脚上剪下来的，放上六个月，它就摇身一变，成了某位圣人的脚指甲，其价格相当于一颗钻石。其中，圣彼得的趾甲都能装一麻袋了。但是人们依旧相信，这些脚指甲的确出自那些伟大的圣人。直至今日，某些大教堂还在展出这些趾甲。

在巴黎皇家港，精心收藏着一根荆棘。神学院的牧师声称，这根荆棘是钉过耶稣头颅的荆棘中的一根。但是，它怎么会跑到这里来？是谁把它保留下来的？没人深究这些问题。这根荆棘实在太有名了，长期以来，不同教派为了它辩论不休，还留下了很多著作。据说，这根荆棘还在一位小姐的身上创造了奇迹，这位小姐只是吻了它一下，长期折磨她的眼疾就痊愈了。

到罗马的旅游者恐怕都知道圣梯。当年耶稣被带到罗马总督府受审时，就是用的这架云梯上下。信徒们认为，活人用脚踩踏云梯简直就是亵渎神灵，于是把它高高地悬挂在罗马。朝圣者不敢在上面走动，而是亲吻它，然后用膝盖跪在上面爬上爬下。

欧洲充满这类宗教遗物，即使是最贫穷的乡村教堂也不例外，很多教堂声称拥有圣人的腿骨，历史名人的腿骨也有。比如尚贝里大教堂自豪地宣称，它保存着查理曼大帝的腿骨，只要吻一下，瘸子就能站起来走路。豪勒教堂自称有圣母玛利亚的腿骨，西班牙教会说它那里拥有七八块圣骨，都是千真万确的圣物。布鲁塞尔声称保存着圣高杜勒的牙齿，有位虔诚的教徒常年牙痛，有次祈祷时看了一眼这些牙齿，牙痛奇迹般地好了。在整个欧洲，每个地方都保存着圣骨，据说，当水从埋有圣骨的地上流过时，立刻就会变成甘甜的泉水，而且包治百病。

第二节　形形色色的圣物

历朝历代，人们都渴望得到圣物。理查一世执政期间，伦敦的平民领袖威廉·郎伯德被绞死时，人们急切地想得到他的一绺头发或是衣服上的一块碎布，伦敦附近的妇女们纷纷涌来收集他绞刑架下的土。人们相信他的头发可以避邪，碎布可以治疗伤痛，绞刑架下的土不但能包治百病，还能生长出奇异之花，带来幸福。

时间更近一些的，还有那不勒斯渔夫马萨尼罗的遗物。他曾经被暴乱者推上皇帝的位置，胡作非为，无比残暴。最后，他被打死在马路上，无头尸体落泥塘里好几个小时，最后被抛进了护城河。第二天，不知道为什么，群众对他的情感突然完全颠倒了。人们举着火把找到了他的遗体，给他穿上皇袍，隆重地埋在了教堂里。上万名武装军人和几万名悲痛的群众参加了葬礼。他穿过的衣服被众人撕成碎片，被当作圣物珍藏起来；他做渔夫时住过的那间小屋的门板被拆下来劈成碎块，要么刻成肖像，要么做成保存圣物的小匣子，要么做成其他的纪念品；小屋里的破家具也突然变得珍贵起来，变得比宫殿里的装饰品更值钱；他走过的地方也被认为是神圣的，人们把那里的泥土收集在小瓶子里，以黄金的价格出售，然后当作护身符随身佩带。

有一位布瑞威利尔夫人，她曾经毒死了七个人，被判以火刑，而且要求不得保留她的骨灰，只能撒在风中。服刑那天，所有围观者都被她美丽的外表惊呆了，人们开始叹息对她的刑罚太重了。这种惋惜很快发展成为崇拜，当天晚上，她就被看作圣人。她的骨灰被人们小心翼翼地收集起来，即使是她身边被烧焦的木头也被抢购一空。人们相信她的骨灰能够抵御巫术。

在英国，无论任何物品，只要与小偷、杀人犯以及其他重罪犯有关，人们就会对它特别崇拜。绞死他们的绳子通常具有不同寻常的身价，每英尺（0.3米）1基尼，有时更高。1828年，玛丽亚·马顿谋杀案引起了全国民众的关注，各地人纷纷赶来参观埋藏过受害者尸体的小房子。人们离开的时候，都带了纪念品回去：房门上的木头，房顶上的瓦片，尤其是死者生前的衣物，都被拿得干干净净。死者的一绺头发竟卖到2基尼，而在买者看来，这样的价格还很便宜。

1837年，格林那斯杀害汉纳·布朗一案更为出名。案发后，人群如潮水一般涌入犯罪现场——坎伯威尔街。因为人们迫切地想从这个残暴的罪犯房间里拿走一点东西作纪念，争抢很激烈，最后大打出手，以至于需要警察出面维持秩序。如果不是警察动用武力，房里的门窗桌椅肯定会被洗劫一空，说不定还会有人丧命。

在更早一些的时候，传说患有疯病的人只要被犯人尸体的手搓一下，立即就会痊愈。这个愚蠢的传说给了刽子手一个发财的机会。人们都觉得恶徒的死手是包治百病、消灾避邪的妙手。在理查二世时期，买这样一只手要花10个基尼，但人们并不觉得贵。

1838年春天，当疯狂骑士汤姆将要被枪毙时，那些圣物搜寻者闻风而动。他的长胡子和头发被信徒奉为至宝；他被击毙时靠着的那棵树变成了圣树，被疯狂的人们剥光了树皮；一封有他签名的信价值要用金币衡量，他的坐骑也变得像主人一样有名。人们成群结队，蜂拥而至，希望能尽早看看他毙命的地方，最好还能摸一摸"马耳他疯狂骑士"的马背。如果不是看管严格，人们早就从墓中挖出他的尸体，骨头肯定也会被拆散，成为纪念品。

现代欧洲人最推崇的遗物有三个，分别是莎士比亚的桑木制品、拿破仑的柳木制品和他在滑铁卢用过的书桌。莎士比亚的桑木鼻烟壶非常罕见，市场上有无数种木头制品都打着莎士比亚的旗号，毫无疑问，大部分是冒牌货。至于拿破仑在滑铁卢用过的书桌，其实也是假的，原物早就荡然无存。既然真的已经不存在了，假的就会有一大堆。许多人拿着一根木棍，说是拿破仑用过的，其中一些人就会把它刻成胸针和其他装饰品，更多的人则是把它制成鼻烟壶，这些木头制品被那些拿破仑崇拜者视为珍品。滑铁卢战场上的弹壳、阵亡士兵军服上的纽扣，虽然分不清真假，但至今仍然受到欧洲人的宠爱。在路易·菲力普政权把拿破仑的遗体移走之前，许多游客纷纷赶到圣赫勒拿岛，先是在孤零零的拿破仑墓前朝拜，然后从墓前的柳树上折下树枝，把它们种到欧洲各地。后来，它们也长成了像母树一样的大树。一些信徒无法获得墓前的柳枝，只好退而求其次，只要能得到下一代柳树的枝条，就心满意足。

第五章　近代预言

伟大的人来到英格兰，
然而从中获益的是王子。
贵族的鲜血被乌鸦吸干，
北部背叛了南部。
北部的雄鸡逃离家乡，
美丽的羽毛被拔得一干二净，
它总会诅咒自己的出生之日。
——尼克森预言

第一节　末日恐慌

对世界末日的恐慌曾多次席卷欧洲各国，其中最值得一提的，是大约在10世纪中期发生于基督教世界的那一次。当时，法、德、英等国涌现出无数的狂信者，声称《新约·启示录》所预言的世界千年大限即将到来，届时基督将出现在云端，审判一切善恶。这种虚妄之说并未得到教会的支持，然而却在大众中间广为流传。

据说，最后的审判将从耶路撒冷开始。公元999年，大批欧洲朝圣者向东行进，准备迎接上帝的降临。许多人变卖了家产，离开欧洲奔向圣地耶路撒冷。因为世界末日已经不远，许多宏大的建筑物遭到毁灭，连教堂也无人管理。骑士、市民、苦工都携带家人，一边行进一边高唱赞美诗，他们仰望着青天，满怀恐惧，希望上帝能够制止灾难的来临。

公元1000年，朝圣者的队伍更加浩大。他们承受着恐惧与灾难的折磨，每一种自然现象都被看成是末日来临的警告。一声雷鸣会让他们长跪不起，因为他们相信那是上帝在呼喊，宣布审判的日子即将到来。无数百姓认为脚下的大地会在雷声中裂开，灭亡即将来临。流星划过天空会让耶路撒冷的教民们都跑到大街上哭泣祈祷。奔走在路上的朝圣者也是如此，有一点儿风吹草动都会使他们惊慌失措。

发疯似的牧师们更是火上浇油，每一颗流星的出现都会引起他们的一番说教，说教的主题无非是可怕的末日审判。

很久以来，彗星的出现被当作是世界解体的征兆，后来干脆被看作是世界毁灭的原因。1832年，天文学家预告彗星将要撞毁地球后，在欧洲，尤其在德国，许多人因为这个可怕的预告而停止了工作，整个社会陷入瘫痪中。

在大瘟疫盛行时期，人们变得更容易轻信预言。1345～1350年，大难临头的氛围笼罩着整个欧洲，大家又一次荒唐地相信世界末日就在眼前。在德、法、意等国的大都市，预卜凶吉的人随处可见，他们信誓旦旦地预言，不出10年，大天使就会吹响最后审判的号角，救世主将在云间宣判地球。

1736年，鼎鼎大名的预言家威斯顿得出结论，地球毁灭的日期提前了，10月13日就是大限，这在伦敦引发了极度恐慌。1761年，伦敦发生了两次地震，有人预言第三次地震将会把伦敦彻底毁灭，没有人可以幸免于难。第一次地震发生在2月8日，震倒了几户人家的烟囱。第二次地震发生在3月8日，震区主要在伦敦北部。治安队里有个士兵患有精神分裂症，他深信下个月还有一次地震。他彻底发疯了，跑到大街上胡言乱语，说4月5日这天伦敦将要崩塌。大多数伦敦人认为，崩塌的日子应该是4月1日才对。成千上万的人都相信这一预言，为了躲避灾难，他们急忙迁移到别处。随着那个可怕的日子越来越近，人们的情绪也越来越紧张。大家都逃到了距离伦敦城20英里（32.19千米）的村子，等待伦敦的毁灭。伦敦附近的城市挤满了惊恐万分的难民，为了得到一个房间，他们不得不向房主支付比平时高几倍的房费。那些付不起房钱的人只好暂时留在伦敦城内，直到灾难来临前的两三天才逃出来，到周围的田野露营。无边的恐惧全面蔓延，一周前还在嘲笑这个预言的人也仓皇出逃。不知出于什么理由，人们认为河流是安全的，码头的所有商船都挤满了人。4月4日晚，人们已经极度恐慌了，等着目睹伦敦变成一片废墟。第二天，大部分逃亡者返回了完好无损的伦敦，很明显，预言是错误。但是许多人又等了一个星期才返回伦敦。那个士兵也被认为是个纯粹的疯子，之后他又预言了几件事，可是没人相信了。几个月后，他被关进了疯人院。

1806年，利兹地区及其周围的人都惊慌失措，满怀恐惧，认为世界末日就要到来了。当时有只老母鸡不停地产下奇怪的蛋,蛋上面印有"基督将至"的字样。许多人来到村子里参观这个老母鸡,鉴定这些奇蛋,最后得出结论:审判日真的不远了。他们就像处于狂涛骇浪中的海员一样,被恐惧淹没了。很多恶人一下变成了虔诚的信徒,他们疯狂地祈祷,痛悔过去的罪恶。后来,几位绅士在清晨的时候去看那只母鸡,它正在产那"神奇"的蛋。他们发现,原来鸡蛋被有腐蚀性的墨水涂写过,然后被硬塞进鸡屁股里。真相大白后,那些曾向上帝祷告和忏悔的人哈哈大笑,世界变得像以前一样平静。

第二节 米兰大瘟疫

1630年米兰地区的瘟疫影响很大,对于当时的情景,罗帕蒙特在《地中海国家的瘟疫》一书中的描写非常动人。灾难中的人们惊慌失措,对占星家和骗子们的预言深信不疑。碰巧的是,瘟疫流行前一年的确有人预言过瘟疫的发生。1628年,米兰曾出现过一颗巨大的彗星,占星家们各持己见,有人认为这是血战的先兆;有人认为这预示着饥荒;大多数人则认为,彗星外表苍白的颜色预示着瘟疫即将来临。当瘟疫真的到来时,这些预言家被奉为至宝。

有一古老的诗句预言说,魔鬼将在1630年毒死所有米兰人。这年4月的一个清晨,当时瘟疫还没有十分严重,人们吃惊地发现,在米兰城区中心,所有门上都有奇怪的画或污点,像是用烂疮流出的脓血印上的。全城人奔走相告,警钟迅速敲响。大家齐心合力,想寻找元凶,可是一无所获。最后,大家想起了古老的预言,觉得如果大家到所有的教堂里祈祷,说不定可以粉碎魔鬼的阴谋。少数人认为,一定有人借助国外势力在城市上空施毒,但更多人相信,是超自然的力量在传播疾病。就在这时候，瘟疫开始蔓延，它如此可怕，以至于人们彼此之间充满了不信任与恐慌感。人们怀疑井里的水不能饮用，担心田里的庄稼和树上的果实被魔鬼涂上了毒药，觉得墙壁、人行道、门把手也很不可靠。大家恐惧而敏感，所有人都在寻找"魔鬼的密使"。那时，如果想置仇敌于死地，只要说看见他用油膏涂抹过门，他就会立刻被众人打死。有位年逾八旬的老人常在圣安东尼奥教堂祈祷，一次他刚想用衣角擦拭坐凳，马上有人喊"他在涂毒"。挤在教堂里的一群妇女立即像疯了一样，拽着老者的头发将他拖向市政法官处，如果他不是在半路上就断气了，肯定会被严刑拷打，被迫供出同伙。还有一个叫毛拉的药剂师兼理发师被人控告与魔鬼勾结，人们包围了他的房子，发现了许多配制好的化学药品。药剂师声辩说这些药品是用来预防传染病的，可是其他医生却宣布它们是毒药。最后，他受到了酷刑的折磨，在很长一段时间里，他仍辩解自己是清白的，但最终他还是屈服了。他承认自己串通魔鬼，而且勾结外国势力，密谋毒死全城的人。他还坦白说，自己用油膏涂抹了门，往泉水中投了毒。在严刑拷打下，他供出了几个同伙，他们也受到了同样的折磨。最后，这些人被处以绞刑。毛拉的房子被推倒，并在此处立了一块碑，刻上了毛拉的罪行。

　　当民众的注意力集中在这些事件上的同时，瘟疫仍在继续扩散。处决罪犯时，老百姓都跑过去看热闹，大家挤在一起，结果都染上了瘟疫。瘟疫越来越猖獗，人们也变得越来越疯狂、越来越轻信。许多异想天开的故事，在此刻，被人们相信它是真实的。有个人站在米兰市场的附近给大家讲故事：在一个伸手不见五指的黑夜，他站在一个大教堂门口，周围一个人都没有。忽然，一辆由六匹白马拉着的黑色马车停在他身旁，马车后面跟着无数个身穿黑色长袍的仆人，马车上坐着一个高大威武的陌生人，他的黑发随风飘动，唇边露出一种轻蔑的表情，气质高贵，令人肃然起敬。陌生人察觉到了他的惶恐，于是态度和蔼而又不失威严地请他上车，让他坐在自己身旁。马车呼啸着向前飞奔，街上行人很多,却没有人注意到陌生人和这支奇怪的车队。由此看来,一般人是看不见他们的。这队人马停在一家商店旁,但是里面看起来像是一个几乎倒塌了一半的巨大宫殿。他们一起走过几个大房间,光线变得暗淡,其中一间房间四周矗立着巨大的大理石柱子,柱子上雕刻着鬼神,记述着灾祸的施虐过程。黑暗笼罩着这个怪异的建筑物,通过偶尔闪出的一点光亮,他看到许多骷髅,骷髅们相互笑骂,相互追逐,跳到对方的背上。建筑物后面是一块荒地,荒地中间有一块黑色的岩石,岩石下面流淌着毒水,流水声震耳欲聋,令人惊骇。毒水流过田地,污染了米兰的所有泉水。看完这一切,陌生人把他领到另一个大房间,里面装满了金子和宝石。陌生人许诺说,如果他愿意跪下参拜,并答应把米兰所有的门和房子都涂上毒药,就可以得到这个屋子的全部金子和宝石。这时候,他终于明白,这个陌生人就是魔鬼。他不想做坏事,于是立即向上帝祷告,请求上帝赋予他抵抗魔鬼的力量。魔鬼怒视着他,突然电闪雷鸣,一瞬间,他发现自己一个人孤零零地站在教堂的走廊上。他每天都向人们重复这个他遭遇的奇怪故事,所有人都相信他的话是真的。还有所谓的目击者提供证据,发誓说他们也见过那个陌生人,听过那些白马拉车的声音。他们逢人就说,那架马车真是大,当它半夜时分穿过街道时,发出的声音比雷声还大。

令人难以置信的是,还有许多人主动站出来承认自己就是被魔鬼雇用施毒的人。很明显,在巨大的压力下,他们的思想像脆弱的身体一样变得错乱失调。这些人站出来谴责自己,相信自己有罪,很多人死在这场忏悔行动中。

第三节　英国预言家

1524年，伦敦发生过一个更加离谱的预言事件。当时，伦敦到处都是占星家和算命人，每天给社会各个阶层的人算命和占卜。1523年6月上旬，他们中有人预言说，泰晤士河将在1524年2月1日猛涨，整座伦敦城将被淹没，上万户居民的房屋将被冲毁。在预言发布后的几个月时间里，所有的盲信者都喋喋不休地重复着这个预言，导致更多的人相信这个预言。于是大家纷纷打点行装，移居到肯特和伊塞克斯两地。随着时间的流逝，离灾难这一天越来越近，移民的数量也在不断增加。到1524年1月时，下层民众带着妻子儿女，成群结队地步行到15～20英里（24.14～32.19千米）远的村庄避难，中上阶层的人也乘坐马车赶到那里。到1月中旬，至少2万人离开了伦敦，很多地方只剩下了空荡荡的房子。在人们心目中，伦敦是个注定要毁灭的城市。有钱人则在其他城市的高处安家。一位教堂的院长异常惊恐，他用极高的代价在一座高山上建了一座城堡，储存了两个月的生活必需品。在那个可怕的日子到来的前一星期，他带着教堂的高级职员和家属搬进了城堡。许多人都请求住进去，但院长经过慎重考虑后，只接受了与他私交甚好的朋友和带有大量食物的人。

终于，决定伦敦命运的那一天到来了。骚乱的人们从清晨起就聚在泰晤士河边的高地上，观看河水上涨的情况，可是直到晚上，泰晤士河仍然像从前一样静静地流淌，没有上涨，也没有冲走一间房屋。可是人们仍然不敢回去睡觉，成千上万的人坚守河边等待涨水。第二天，愤怒的人们聚在一起，讨论是不是该把那些可恶的预言家扔进河里。预言家们想出了一个办法，以减轻人民的怒火。他们宣称，由于算错了一个数字，所以这次洪水的日期弄错了，提前了整整一个世纪。伦敦被大水冲击不是在1524年，而是在1624年，当代的伦敦人是安全的。预言家也是凡人嘛,错误在所难免。

在英国的乡下,直到现在,还有许多人对希普顿修女的预言深信不疑。她曾经是英国声誉很高的预言家,在当时社会的每个阶层,她的预言都广为流传。据说,她出生在亨利七世时期的纳雷斯堡,为了增强预测未来的力量,她从小就把灵魂出卖给魔王。虽然那个时代的人认为她是个女巫,可是她却奇迹般地逃脱了女巫的命运,在约克郡的克利夫顿附近寿终正寝,安详地死在了床上。为了纪念她,人们在当地教堂的院子里给她立了一块石碑,上面刻着这样的墓志铭:

> 这里躺着的人从不说谎,
> 人们常常验证她的魔法。
> 她的预言将千古流传,
> 她的英名将百世流芳。

她向伯弗利修道院长预测了亨利八世对修道院的镇压、亨利八世的婚姻、对异教徒的火刑和对苏格兰玛丽皇后的死刑。她还预言过詹姆斯一世的即位,并说,在这个皇帝身上,每一个不幸都来自寒冷的北方。

尽管希普顿修女声誉很高,但她在英国预言家中只能排在第二位,占领第一这个显赫位置的是强大的墨尔林。斯宾塞在自己神韵十足的诗歌里,曾形象地描述过这个著名的预言家:

> 与古人、后人和今人相比,
> 他的魔法更具神力。
> 天神在他面前俯首帖耳,
> 日月星辰都五体投地。

他使敌人闻风丧胆，
一人就吓退雄兵百万。
魔鬼在他面前浑身颤抖，
他不是凡人，
是虚幻而美好的人生结晶。

　　起初他的声誉仅限于在他的家乡，但不久以后，他的名字就传遍了欧洲的大多数国家。1498年曾出版一本有关他的书，书名是《生活、预言和奇迹》，这本书中写道：墨尔林的父亲是敢于与上帝分庭抗礼的撒旦，所以墨尔林一出生就会说话。当地法官听到这种怪事后觉得蹊跷，就把他母子俩召到面前，问他是否知道父亲是谁。刚出生的墨尔林用异常洪亮的声音答道："我的父亲是撒旦，我的力量像他一样强大，我对世间过去、现在和未来的一切事情都了如指掌。"法官听后异常惊奇，决定以后再也不去打扰这位令人敬畏的孩子和他的母亲。

　　早期的传说认为，神秘难解的巨石堆是墨尔林建造的，这些巨石在他的指挥下从爱尔兰飞到萨利斯伯利平原，然后被墨尔林整理成现在的样子，以永久纪念在那里被屠杀的300名不幸的英国首领。

　　在其他英国预言家中，罗伯特·尼克森也很有名。据说，他出生在德莱迈尔森林附近，家境贫穷。父母教他耕种土地，但他太笨了，什么也没学会。大家都认为他是个无可救药的精神病患者，对他的奇谈怪论也没有太多注意。一天，尼克森正在田里干活，突然停了下来，面带古怪的表情喊道："哎，蒂克！哎，亨利！哦，做错了，蒂克！哦，做对了，亨利！亨利拥有天下！"同他一起在地里干活的人目睹了这一情景，不理解他的举动是怎么回事。第二天，一位信使带来了消息，原来当尼克森大叫的时候，正是理查三世被杀、亨利七世即位的时候。

很快，尼克森的大名传到了国王的耳边。亨利七世非常希望能见到这位奇才，于是派出一位信使，想把尼克森带到皇宫。尼克森早知此事，他发疯地跑上大街，狂呼乱叫，说亨利已经派人来传唤他了，他必须去皇宫，但是会饿死在那里。人们对这些胡言乱语并没有兴趣。可是第三天，信使真的来将他带到了皇宫。这使大家坚信，他真的是一个伟大的预言家。尼克森到皇宫的时候，亨利国王正在为丢失了一颗宝贵的钻石而苦恼，于是问尼克森是不是知道钻石在什么地方。其实是国王自己将钻石藏了起来，他想考验一下尼克森，看他是不是真的具有预见的能力。尼克森用了一句古老的谚语回答他："谁藏谁能找到。"国王闻此，大吃一惊。从那时起，国王彻底相信尼克森是一位天才预言家，命人将他说的一切话语都记录下来。

在宫中，尼克森一直活在会被饿死的恐惧之中。为此，亨利国王发布了严格的命令，对官员和厨师们说："尼克森想吃多少就给他吃多少。"他生活得十分幸福，没多久，他就壮得像个贵族管家、胖得像个总督。有一天，国王准备外出打猎，尼克森跑到皇宫门口堵住国王，下跪恳求国王带上他，以免他被饿死。国王笑了，但还是专门安排了一位官员悉心照料这位预言家，然后才动身奔向森林。国王离开以后，宫里的仆人打趣他说，他这么傻的人能得到如此的款待，真是荒唐至极。尼克森向官员抱怨此事，那位官员为了让他不被别人欺负，就将他安顿在国王的密室里，派人每天按时送四顿饭给他。但非常凑巧的是，因为有急事，国王让这位官员到温彻斯特去了。官员迅速动身，却忘记了安排可怜的尼克森。三天后，等这位官员返回的时候，预言家已经被饿死了，正证实了他自己的预言。

第六章　大盗赞歌

杰克：我们从哪儿能找到一批智慧而又勇敢的哲学家？

瓦特：在壮汉里面找！

罗宾汉：他们还应该不屈不挠、久经考验！

耐德：这有何难？谁不为朋友出生入死、两肋插刀？

哈里：难道有谁会为了利益而出卖朋友？

马特：我看那帮当官的就会！

——《乞丐的歌剧》中强盗们的对话

第一节　各国大盗

在所有国家里，侠盗都很受老百姓的钦佩。他们杀富济贫，惩恶扶弱，能力超群，在老百姓眼里真是充满了神奇的魔力。欧洲每个国家都有独具特色的侠盗，人们争相夸耀他们的功勋，传奇文学和诗歌经常以他们为主角，世世代代广为流传。

在英国，或者说是在全世界，最著名的侠盗是罗宾汉。这个名字闪耀着独特的光环。罗宾汉和他的部下常常肩背长弓、身穿绿色的呢子大衣，在舍伍德森林里神出鬼没。现在，舍伍德森林已经成为流浪者的圣地，也是一个纪念这位大盗的历史场所。在漫长的700多年时间里，他的名字在英国民间家喻户晓，只要有英语的地方就有他的名字。他对穷人十分仁慈，对妇女十分尊重，被看作是全世界最有风度的侠盗。

稍后时期，在英国的盗贼之中，克劳德·杜瓦尔、迪克·特品、乔纳森·怀尔德和杰克·谢泼德的大名家喻户晓。对于英格兰10岁以上的男性公民来说，特品的威名也是无人不知的。他能够仅靠骑马就从伦敦飞奔到约克，因此成为无数人敬佩的偶像。虽然他曾经把一名老妇放在火上烤，强迫她交代钱藏在哪里，但是这种冷酷卑鄙的行为不但没有遭到人们的鄙视，反而成为一个经典笑料。他站在绞刑架下时，一点儿都不害怕，这被看作是勇敢的举动。当抢劫绅士时，他会慷慨地留给他们足够的盘缠，让他们能继续旅行，并要求他们发誓永不告发他。据说，有一次特品拦住了一个人，本以为此人很富有，但搜来搜去只找到了几个硬币。特品放了这个人,并用友好的语气告诉他,以后出门不要带这么少的钱,否则下次碰见就会痛打他一顿。另一个故事讲的是他在剑桥附近抢劫某先生的经过。他没收了这名绅士的怀表、鼻烟壶和现金,只给这位绅士留下两先令,并要求该绅士以名誉担保不会告发自己。立下誓言后,两人彬彬有礼地告别。后来,他们在一座城市不期而遇,并互相认出了对方。这位绅士履行了自己的诺言,不但没有告发特品,而且还在特品面前炫耀说,被他打劫后,自己很快就通过正当手段赚了一大笔钱。特品提议他们都拿出一些钱来赌马,结果特品输了,但绅士却没有向特品要钱。特品被这位先生的举止与风度深深打动,回想起他们之前的相遇,特品为曾打劫过他而感到非常遗憾。

在英国,杰克·谢泼德也是妇孺皆知的一个人。他举止残忍,令他的国家蒙羞,但也不少民众对他非常钦佩。他既不像罗宾汉那样劫富济贫,也不像特品那样以古怪而礼貌的方式抢劫,但也很有自己的特色。他能够脚戴镣铐成功地逃出固若金汤的监狱;他能仅凭一枚钉子就打开挂锁,还能打碎脚镣破墙而出。这些富有传奇性的经历,使他成为人们心目中盗贼的典型。他被处决时,还不满23岁。人们对他的死感到很惋惜,一连几个月,人们都在谈论他的冒险和奇遇,认为他即使死去也比一般人风光。

克劳德·杜瓦尔也死得十分风光。他是个具有绅士精神的盗贼,甚至可以称之为礼貌的化身,他对女性特别尊崇,这一点更是天下闻名。当他被捕并关进监狱的时候,女士们从全国各地赶来,为这位"令人亲近"的囚犯献上她们的爱心。

在法国,有名的强盗要首推艾默尔·泰特努埃尔。在查理六世统治时期,他极为活跃,手下有四五百人,在利木森和奥维根地区拥有两座非常坚固的城堡。在城堡的周围地区,有许多封建贵族的领地,但他并不侵犯这些贵族。他没有固定收入,主要靠抢劫驿路上的人。他死时,曾留下一份遗嘱说:"我将把2500法郎用于圣乔治教堂的维修,2500法郎留给一直爱我的姑娘,其余的送给我的弟兄。我希望大家能像亲兄弟一样和睦相处，友好地分享这笔钱。如果大家不同意，并发生争执，那么我很遗憾。每个人都找一把锋利的斧头吧，砍开我的保险箱，谁能抢多少就抢多少吧。"时至今日，在奥维根的人们讲起这些强盗的独特个性时，语气仍然十分钦佩。

在全世界范围内，意大利强盗都是十分有名的。许多意大利强盗不但虔诚地信仰上帝，而且似乎非常仁爱。有一个强盗被警察带走时，他声称，他所捐赠的钱比任何三座修道院的价值加起来都要多。

200多年前，在西班牙人统治伦巴第期间，有两个极其活跃的强盗，他们臭名昭著，他们的名字遗臭万年，至今让人无法忘掉。据说，他们的故事记载在一本小册子里，该省所有的儿童都很熟悉，孩子们看这书时比读《圣经》还有兴致。

德国的斯堪得汉斯是莱茵河上的强盗，长久以来，河两岸的人们都对他十分敬畏。农民们传颂着许多关于他的有趣的故事，比如他如何嘲弄富有的犹太人和特别专横的审判官，等等。他的阔绰大方和英勇无畏的精神也令农民们钦佩。

在德国，还有一个盗贼被人们广为传颂。他就是毛斯科·纳代尔，1825年前后，他在莱茵河、瑞士、阿尔萨斯和洛林一带活动。像杰克·谢泼德一样，他也曾惊险地从监狱逃脱。当时他被囚禁在监狱三楼的牢房中，身上戴着铁镣，但他还是巧妙地避过了看守逃到楼下，然后戴着镣铐游过威瑟河。游到河中心时，他被发现了，并被子弹射中了小腿，但他仍然游到了对岸，并成功脱逃。1826年，他再次被捉拿归案，并判处死刑。尽管他是一个坏人，但是他高大、强壮、英俊，而且勇敢、有毅力，所有德国人都同情他的命运，尤其是妇女们，恨不得亲自上阵将这个充满传奇色彩的英雄从屠刀下拯救出来。

第二节 艺术中的大盗

剧作家和编故事的人也很喜欢这些大盗,他们常常在有关这些人的史料中寻找作品的主角,靠迎合大众的口味来获得成功。在意大利,舞台上的那不勒斯强盗的举止、装扮以及生活方式都被表现得极具魅力。政府当局认为,这会对公众道德产生很坏的影响,因此屡次禁止这种展示强盗风采的戏剧上演,甚至还禁止强盗的服装在假面舞会上使用。有一段时期,盗贼四处蜂起,某位公爵认为,如果将这些强盗组织成一支部队,可以毫不费力地帮助他夺取王位。他如此描述这帮强盗:"他们有3500多人,最老的不过四五十岁,最年轻的二十左右。他们个个高大健壮,披着长发,穿着黑色的西班牙皮衣,丝绒长袖,金色衣料,镶着金边的马裤,束着丝绒腰带,腰侧两边分别插着两把手枪,有的还在腰带上系着袋子,脖子上挂着火药筒,皮带上挂着一把三指宽、两英尺(0.61米)长的短剑。他们中的一些人扛着火炮,大部分佩有火枪。个个穿着漂亮的鞋子,脚穿长筒丝袜,头戴一顶金黄或银白的帽子,看着就让人赏心悦目。"

在英国,《乞丐的歌剧》以强盗为主角,引起了人们的赞赏,第一次上演就取得了巨大成功。在伦敦连演63天,人们仍旧趋之若鹜,剧组人员不得不加演一个季度。妇女们随身带着扇子,扇子上印着剧中的歌曲,时时吟唱。她们甚至把自己的房间也布置得像剧中的场景那样,恨不得自己也上山落草为寇。除了该剧的作者一举成名外,扮演女主角的演员也获得巨大的声誉,关于她的传记、书信、言论和笑话的小册子均被出版,而且很快再版。该剧把强盗当作英雄加以推崇,并且最后还使他免于处罚,这无疑是对邪恶和犯罪的鼓励。此剧流行期间,小偷的数量惊人地增长。

在德国,席勒创作的《强盗》也是一个例子。剧中主人公是一个小偷,但被描绘得品德高尚、本领超凡。这个形象引起年轻学生的热烈追捧,有几个新生模仿剧中的人离家出走,来到森林荒野之中,向过路的行人索取钱财。在他们的想象中,自己就像摩尔人一样在劫富济贫,在森林、夕阳和月光下,酣畅淋漓地抒发着生命的喜悦。他们还想象着,在荒原或深山老林中,一定会遇到知己,一起畅饮白葡萄酒。但是,现实很快磨灭了他们的勇气,真正的劫匪与舞台上的侠盗毫不相同,待遇更是天壤之别。对于他们来说,坐在壁炉边高谈阔论大盗生涯还可以想象,但如果真的置身于其中,生活将多么黯淡啊。

在伦敦,票价低廉的剧院常常集中在贫民区,而经常光顾剧院的主要是那些游手好闲、行为放肆的年轻人。窃贼和杀人犯的传奇故事最受这些人的欢迎,演员们逼真地扮演着拦路劫匪、夜间窃贼和杀人犯,在不知不觉中把观众引向犯罪。不管是最深刻的悲剧还是最粗俗的喜剧,讲述的都是杀人犯和窃贼的故事,观众们常常为剧中人的经历而鼓掌欢呼。

读者都想了解著名大盗的冒险经历,诗人们也喜欢吟唱这些所谓的英雄,希望唤醒人们对于悲惨命运的同情。诗人们不切实际地希望人们相信,这些英雄生不逢时,他们的悲剧是整个社会的不合理造成的。读者们也都不切实际地相信,一定有最合理的方法分配财物,否则就应该让大盗劫富济贫。

第七章　头发和胡子的时尚

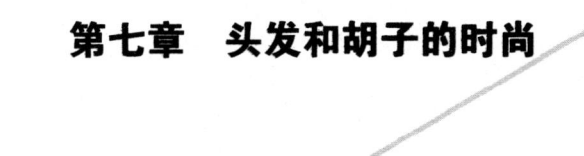

胡须、头发，
能反映其主人是否体面。
——摘自《哈迪布拉斯》

第一节 长发风波

"长发是男人的耻辱",圣保罗的这句名言被政府和教会奉行,并以此为基础制定了有关的法律和教规。从基督教诞生一直到15世纪,发式和修剪胡须始终是英、法等国的大事。

在更早的年代,男人没有随意处理自己头发和胡子的权利。亚历山大大帝认为,士兵要是留长胡子,就会给敌人提供方便,敌人可以抓住士兵的胡子来砍掉士兵的头。为了让敌人无机可乘,他命令全体士兵都要仔细刮胡子。印第安人虽然也经常打仗,却并不像亚历山大这么想,他们把长发和胡子看成武士的荣耀,让它任意生长,以便显得更具有豪侠气概。

在欧洲,长发曾经是权力的象征。有记载说,长发一度成为法国皇室的特权。后来贵族们也纷纷效仿,他们不仅留长发,还蓄起了大胡子,这样,只看头发和胡子的话,就看不出他们比皇族的地位低。这种状况一直延续到路易时代才稍有变化,非皇族的人被要求将发型变短,以便与皇族有所区别。然而农奴们公然与皇室对抗,继续让须发任意生长。

诺曼底国王威廉一世征服英国的时候,诺曼底人留的是短发。在征服与反征服的战争中,英王哈罗德二世曾派间谍去打探敌情,间谍回来报告说:"敌军看上去好像全是牧师,他们的脸和嘴唇都刮得很干净。"当时英国的时尚是留长发,上唇蓄须,下唇刮净。后来英国被各种暴政统治,下层民众痛恨统治者,他们开始留更长的头发,以便使自己看上去和征服者不同,那些征服者都是平头、刮胡须的。

牧师们不喜欢这种留长发的时尚，无论是在英国还是在法国和德国，他们都开展了大规模的劝诫活动。11世纪末，教皇颁布禁令：凡是留长发的人，一律逐出教会，死后也不能为他祈祷。据说著名的乌斯特大主教圣·巫士丹最反感长发，一见到长发男人就怒不可遏。他把留长发的人当作最不道德的罪犯看待，认为长发男人算不得是真正的人类。出于坚定的信念，他总是随身携带一把剪刀，一旦有长发男人跪在他面前等候祝福，他就悄悄拿出剪刀，剪下一缕那人的头发，然后狠狠地扔到他脸上，命令他把其余的也剪掉，否则就要送他下地狱。但很多长发男人并不相信他有这个本事，仍然留着长发。

时尚总是会与某些社会规范和教条相违背，追随时尚者甚至会因此而受到压迫。不过，在那个年代总是有些勇敢者，比如，很多人宁可冒着遭受上天惩罚的危险，也不愿舍弃时髦的长发。亨利一世时期，坎特伯雷大主教认为，有必要重申教皇的法令，对留长发者应该逐出教会和教区。不过，向来严肃的法庭认为，长长的卷发并无不可，而且还挺好看的呢。既然政府不在意，那么教会的看法便显得不合时宜，再也没有人重视他们的意见了。即使是亨利一世和贵族们也不再顾及教会的面子，都把头发做成长长的发卷披在背后。在牧师看来，这副模样简直是在亵渎神灵。国王的牧师非常伤心，在法庭集会时宣读了圣保罗宣言中的相关内容。他说，在另一个世界里，这些亵渎神灵者将要受到无比惨痛的折磨。他描述得声情并茂，好几个人被感动得放声大哭，使劲揪自己的头发，恨不得把它们连根拔掉。亨利国王也流下泪来，见此情景，牧师趁热打铁，从口袋里掏出一把剪刀，当众剪掉了国王的长发。在激动的情绪中，几名大臣也剪掉了长发。可惜的是，忏悔的热情很快就过去了，人们仍然热衷于留长发。

后来有件事使这种风尚有所改变。有一位作风轻浮的爵士，平日里总是为自己漂亮的长发而骄傲。一天夜里，他做了个噩梦，梦见有一个恶魔扑到他身上，一把抓住他的头发堵在他嘴里，想把他憋死。他在惊恐中醒来，发现嘴里真的塞满了头发。他把这个梦当作天神对他的警告，心灵深处受到极大的震动，于是当晚就剪掉了长发。教士们大肆宣扬这件事情，那位爵士也被推崇为开创新风尚的人。在教士们的竭力劝导下，人们纷纷剪掉长发，向那位爵士学习。谁也想不到，花花公子的一个噩梦竟然比圣徒的恳求和威吓更加有效（可惜的是，这个梦的效果持续时间不长，不到一年，人们又开始钟爱长卷发了）。奇怪的是，这个噩梦似乎一点儿都没有影响到亨利国王，他从来就没想过要主动剪掉自己的头发。与周围人相比，他的长发显得格格不入。怪梦开始包围他，在梦里，所有的主教、修道院院长和各个阶层的神父、教士都围过来，挥舞权杖不停地打他。这种怪梦吓得他心惊肉跳，经常光着身体下床，手持利剑追赶幽灵。他的御医是个基督教教士，力劝国王剪去长发，以便重新取信于教会，并建议他通过祈祷和布施来拯救自己。但国王拒不接受这个忠告。一年后，他差一点儿在海难中丧生，这才开始悔悟，于是剪短了头发，并按照教士的建议开始忏悔。

在法国，教会封杀长发的运动没有遇到多大波折。路易七世很听教会的话，把头发剪得像教士们一样短。国王如此缺乏主见，这让朝中的勇士们极为痛心。国王的妻子艾丽诺是一位快乐、傲慢且特别喜欢寻求刺激的美女，她对国王的装扮极为不满，讽刺国王说他简直像个呆板的教士。这使他们之间的关系越来越冷淡，不久，王后红杏出墙的事情败露，他们的关系从此一刀两断。法国国王失去了王后那笔惊人的嫁妆，没多久，她带着自己的财产嫁给了英王亨利二世，在后来的很多年中，英法两国长期交战，这位王后成为英国夺取胜利的关键。

十字军东征时，爱时尚的年轻人都去了巴勒斯坦，教会很高兴，觉得说服剩下的市民剪去长发不会太困难。但事实证明，这些市民并不容易对付。原本在之前的一段时间里，英国市民不但剪掉了长头发，而且连胡子也刮得干干净净，可是突然出现了一个活跃分子——著名的鼓动家威廉·福兹伯特，在他的鼓动下，英国再一次兴起了留长发的风尚。他强调，留长发不是为了追赶时尚，而是为了尽可能地区别于其他族群，这在政治上和文化上都很有意义。这个鼓动家的胡子很长，一直垂到腰间，大家都叫他"长胡子"，很多年后，大家依然如此称呼他。

第二节　胡须的去留

教会对待胡须比较宽容，不像对待长发那样不能容忍。他们允许蓄胡须的时尚自由发展，并不多加干涉。人们可以随意在下巴或上唇蓄胡须。时尚总是在不断地变化，查理一世时期人们喜欢蓄短须，而100多年后，人们又兴起了留长胡子。

在西班牙，查尔斯五世在位时，他的胡子刮得很干净，这很快被人效仿，成为时尚。除了一些倔强的老人，全国各地的男人都不再留长胡子了。对于这种变革，有些人深感悲痛，他们认为男人的美德是随着胡须而存在的，而且胡子越长，美德越深厚。这些痛心疾首的人喜欢说一句话："假如失去了胡须，我们还有什么灵魂可言？"

在法国，亨利四世驾崩之后，留胡子也变得不太体面了，原因是亨利的继承人年龄太小，无法蓄须，所以大家也不该蓄须。有些资深的大臣拒绝刮胡子，因此受到了年轻人的嘲讽。

在英国，谁会忘记圆头党和保皇党两大派系呢？那个时候，圆头党认为，一切罪恶都是长头发、长胡子的保皇党人干的；而保皇党却说，圆头党人是一群昏庸无能之辈，什么长处都没有，就像他们没有头发和胡子一样。英国大众比较倾向于圆头党的看法，他们认为，无论是在政治上还是在宗教上，男人的头发和胡子都与信仰有关，头发越长信仰越少，头发越短信仰越虔诚。

政府曾多次干涉男人的头发和胡子，这其中最有气魄又最成功的，是在1705年彼得大帝的措施。那时，欧洲所有的政府都在抨击长胡须，声称刮胡子是文明社会的标志。如此看来，习惯于留长胡子的俄国就是不折不扣的野蛮社会。彼得大帝很快下令，要求军队和各个阶层的市民，从贵族到农奴，统统都要刮掉长胡子。他规定了一个期限，以使人们有所准备，如果超过期限还留着胡子，就要交100卢布的税。牧师和农奴社会地位最低，他们可以不交税，但每次经过城门都要交纳1戈比。民众敢怒不敢言，但还是有很多人宁可破财也要保留长胡子。许多年过去，朝廷从这项制度上获得了可观的税收。收税时，收税者给纳税人一个小铜币作为收据，这种铜币的一面是鼻子、嘴和胡须的图案，图案上方还有"收讫"的字样，另一面印有日期。在出入城门时，每个留胡子的人都要出示这个收据，否则就会被投进大牢。

之后，现代欧洲各国政府对待时尚多用劝导的方式引导，而不是用强迫的方式压制。教会也逐渐改变了态度，不再干涉留胡子、头发这类事了。男人们只要自己喜欢，想留就留，想去就去，不用担心被逐出教会或者被剥夺政治权利。在这种情况下，留胡子又开始盛行。

在1830年的大革命之前，法国人和比利时人都没把胡子看得十分重要，但在大革命后，突然兴起留胡子的时尚。在巴黎和布鲁塞尔，小店主的嘴巴上突然冒出一圈小胡子，好像一夜之间长出来似的。1830年10月，荷兰军队暂时打败了比利时军队，比利时人的脸上又突然变得干干净净。荷兰军队中的聪明人四处宣称，比利时人之所以把胡子刮下来，是因为这个国家物资短缺，只好用胡子来填充医院的床垫。这个说法后来成了一个经典笑话，用来嘲笑所谓的爱国者。

1838年8月，欧洲发生了历史上最后一次对胡子的干涉事件。德国报纸上登出一份由国王发布的诏书，禁止平民以任何借口蓄须，否则就让警察和官员逮捕蓄须者，强迫其刮脸。《权利》杂志报道了这件事："奇怪的是，胡子就像秋天的落叶，一夜之间被狂风一扫而光，每个人都服从国王的旨意，没有一个人被捕。"

当时的德国国王是个诗人，小有名气。当政期间，他曾对诗的格律进行过许多合理的改进，但他对胡须的改革，却让人感到既无诗意也不合理。人们认为，他那装满韵律的脑袋里实在不应该装着剃头蓄须这类事，否则他的臣民也非得跟着遭殃不可。

第八章　决斗还是神裁

有位古代的哲人，
他诅咒这个世界，
因为这个世界充满了好斗的狂人。
——摘自《哈迪布拉斯》

第一节 决斗的起源

公元之初，遍布在欧洲各地的野蛮民族非常好斗，那时，除了决斗，还没有更有效的办法解决争端。许多人在解释决斗的起源时都这么说。实际上，决斗是最原始的本能行动，不需要等到公元之初才出现。决斗就是打架，不仅人，所有动物为了获取或保卫财产，或报复某个对象，都会决斗。两条狗决斗是为了争夺一块肉骨头；两只公鸡决斗，是为了争夺一只美丽的母鸡；两个人来到公园决斗，是因为自己的尊严受到了对方的侵犯。不管是人的决斗还是鸡、狗的决斗，在本质上没什么区别。

随着人类文明的不断进步，受过良好教育的人认为应当找出更好的解决争端的办法。于是，一些关于赔偿的法律就诞生了。但是，有些事情法庭也难以解决，这时双方又选择以决斗解决。人们幼稚地相信，上帝会使正义的人更加有力，让他取得绝对的胜利。在决斗中，谁表现得英勇，公众舆论就会认为他一身清白，而任何对他的指控都是凭空捏造的。

公元501年，法国通过一项法律明确规定，决斗可以代替发誓成为判案的证据。到了查理曼统治时期，这项法律在整个帝国普及开来。不仅是原告、被告，即使是证人、法官也不得不用刀剑来证明自己：如果他们打胜了，那么他们的控诉就是真实的，证据就是确切的，判决就是公正的。查理曼的继承者路易一世觉得不妥，为了减少格斗带来的恶习，他颁布了一项法令限制决斗：只有在涉及谋杀、抢劫、纵火这类案件时，或者当一个人的骑士资格受到攻击时，才可以使用决斗的手段；另外，妇女、病人、残疾人以及15岁以下或60岁以上的人，在任何情况下都不得决斗；牧师和传教士可以请人代为决斗。随着时间的推移，这项法律逐渐推广，所有必须决斗的民事、刑事案件都受到了控制。

第二节　五种神裁法

教会一直反对决斗，反对这种与宗教准则完全不同的尚武精神，决斗者、助手及旁观者曾多次被逐出教会。但是，当时人们都怀有一种奇怪的想法，认为无论何时何地，只要祈祷一声，全能的上帝就会显示奇迹来帮助正义者。在这种想法的鼓励下，大家还是喜欢决斗。

教士们在反对决斗的同时，不断运用自己全部的影响力支持神裁法。他们认为，决斗完全靠人的力量来决定谁是谁非，而在神裁法面前，任何人一律平等。为了把裁判权集中到教会，使教会成为所有民事和刑事案件的最终裁决者，他们创立了五种裁判模式，这些模式是：在福音传教士面前发誓；十字架判决法和火烧判决法，适用于中上阶层的人；水淹判决法，适用于下层人；最后一种是面包和奶酪判决法，适用于教会内部成员。

在福音传教士面前发誓的判决法是这样进行的：被告站在神圣的殉道者的遗物或坟墓面前，手按《圣经》发誓他是清白的，没有犯下被指控的罪恶；他还必须找到12名声誉良好的人，同时发誓说他们相信他的清白。这种判决法有个很大的弊端，因为发誓者只要语气坚定，就肯定会打赢官司。这个弊端促使人们放弃神裁，选择用一场公平的打斗来决定是非，而不愿选择这种做伪证的人常常获胜的裁判模式。

十字架判决法很受查理曼大帝的重视，他要求儿子们在他死后用这种方法来解决继承权纠纷。它的程序是这样的：被告先发誓自己无罪，再向十字架请求，请求它证明自己的无辜，然后走到圣坛前站定。牧师事先准备好两根同样的木棍，其中一根雕有十字架图案。通过一些仪式后，牧师用羊毛织物把两根木棍包好，放在圣坛或圣物上，然后开始祈祷，祈求上帝开始判决。祈祷完毕，牧师走近圣坛拿起其中一根，如果这根刻有十字架，那么被告就是清白的，否则就是有罪的。事实上，这样判决并不都是不公平的，也不完全是碰运气。牧师们常常事先对案情进行调查分析，他们已经知道被告是不是清白的，然后才相应地拿起其中的一根木棍。对围观者来说，两根包裹起来的木棍都是一个样子，但对牧师来说，他能毫不费力地区分它们。

在火烧判决法中，决定权无疑也落在了牧师的手中。当时的人普遍相信，火不会烧那些无辜的人，因此在火烧判决时，牧师会照顾那些他认为清白的人。火烧判决是这样的：牧师们把许多个烧得通红的犁头排在地上，每个之间有一定间隔，被告蒙上眼睛，光脚走过这一排障碍物。如果没有碰到灼热的犁头，他就是清白的；如果他踩到犁头，烧伤了自己，那么他就是有罪的。牧师如果想让一个人有罪，只要把犁头排列得乱一些，被告肯定会踩上其中一个，被烧得嗞嗞作响，直冒白烟。英王埃塞尔雷德二世的皇后生活不检点，被指控与大主教过于亲密，她就是通过这种裁决法证明了自己的清白。火烧判决法还有其他几种方式，其中一种是让被告手持一根烧得通红的、重约两三磅的铁条。令人惊讶的是，除了手上长满老茧的男子，即使是皮肤娇嫩的女子拿起铁条，有时也不会烧伤。可以肯定的是：要么他们事先在手上涂抹了防护剂，要么那根火红的铁条只是涂了红漆，其实是冰凉的。火烧判决法还有一种方式：被告将手臂赤裸裸地伸进沸水中，然后牧师们帮他把手臂包扎好，并要求他三天内不得走出教堂，如果三天后他的胳膊完好如初，那么他就是清白的。

与以上方法相比，水淹裁决法没那么麻烦。被告被扔进池塘或河里，如果他沉下去淹死，就被认为是清白的；如果他游到岸上，那就肯定是有罪的。这个方法只适用于地位卑微的人，不管怎么样，这个社会都要除掉他们。

面包和奶酪判决法只用于教会成员：先在圣坛上放一块面包和一块奶酪，被控告的牧师身穿正式教服，周围站满了傲慢的天主教徒。他先念一段咒语，再祈祷几分钟。如果他被控的罪行属实，据说上帝就会派天使塞住他的喉咙，他就会咽不下那块面包和奶酪。幸运的是，自从这个判决法产生以来，还从来没有哪个牧师被噎住。教士们为自己设计的这种方法可以保证他们中的任何一个成员都不会被认定为有罪，哪怕是罪孽深重的恶魔，如果用这种方法判决，也肯定是清白无辜的。

第三节　疯狂的决斗

神裁法既然有这么大的局限，自然就会激起勇敢者的反抗。人们逐渐意识到，教会的真正目的无非是想把教堂变成法庭，方便对世俗事务横加干涉。因此，越来越多的人抛弃神裁，更愿凭自己的勇气和本领来证明自己的清白，于是崇尚决斗之风逐渐兴起。

虽然决斗很早就兴起过，但关于决斗的最早文字记载是在法王路易二世统治期间。公元878年的某一天，一位伯爵早上被人发现死在床上，伯爵的一个亲戚贡特朗控告说是伯爵夫人对丈夫不忠而谋杀了丈夫。贡特朗向她提出挑战，允许她找一个替身参加决斗，他将亲手杀掉这个人，以此证明伯爵夫人的罪过。伯爵夫人的所有亲人和朋友都认为她是无辜的，可贡特朗是个著名的武士，没有人敢站出来与他交手。正当伯爵夫人陷入绝望时，突然有人站了出来，愿意替她决斗。此人名叫安吉尔，年仅 16 岁，当年正是伯爵夫人抱着他洗礼，并赐予他自己丈夫的名字。他勇敢地表示，为了自己深爱的教母，他愿与任何对手决斗。国王劝说这位侠义的孩子不要冒险，毕竟，决斗靠的是非凡的力量、高超的技艺和无畏的气概，只有热情是远远不够的。可是这个少年坚持己见，非去不可。所有人都替他感到伤心，认为如此勇敢而又俊秀的孩子即将白白送死，实在太可惜了。决斗那一天终于到来了，贡特朗策马狂奔，挺起长矛狠狠地刺向对方，可是安吉尔用盾牌挡住了他的长矛，而贡特朗因用力过猛失去平衡，翻到马下。年轻人趁机刺穿了贡特朗的胸膛，并割下他的人头献给国王。国王非常庄重地收下了这个血淋淋的礼物，高兴得仿佛有人送给他一座城市。在人们的欢呼声中，伯爵夫人证明了自己的清白，她激动地亲吻自己的教子，紧紧地拥抱他，泪水打湿了他的肩头。

1162 年，一位名叫罗伯特的人向英王亨利二世状告，说艾赛克斯伯爵在五年前与威尔士人的战斗中胆小怕事，丢尽了英国皇室的脸面。罗伯特提出用决斗来证明自己的指控，而艾赛克斯伯爵则接受了挑战。这场决斗吸引了一大群人来看热闹。刚开始，伯爵非常英勇，但后来却变得暴躁起来，乱了方寸，最后身负重伤，翻身落马，在场的人都认为他必死无疑。实际上伯爵只是昏过去了，雷登修道院的僧侣抬走了他，假意埋葬，实际上对他细心照料，几周后伯爵便完全康复了。但是他的心理创伤却难以恢复。他是个勇敢、忠诚的人，但因为决斗的失败，整个国家都认为他是个叛徒、懦夫。他郁郁寡欢，在修道院的高墙里度过了余生。

奥托一世统治时期，法学学者之间有过一次重大争论。论题是：丧父的孙辈是否应该与其叔父们平等分享祖父的遗产。这个问题争论了好久，却依然得不出结论。最终，他们选择用决斗的方式来决定。论战双方各选一名斗士，商定时间和地点后，两名斗士开始厮杀。厮杀的结果是，支持孙辈有权同叔父们共享遗产的一方获得胜利，另一方的斗士被挑下马来，一矛刺死。从此以后，孙辈的权利得以确立：享有父亲在世时应得到的那份祖父的财产。

整个14世纪和15世纪，在欧洲的许多国家里，决斗数不胜数，理由大都莫名其妙且毫无价值。法国有一名叫盖斯克兰的城堡主，曾经与一位叫威廉·布兰布尔的英格兰上尉发生过一次小小的冲突，城堡主占了一点儿上风。上尉的一位好友威廉·特鲁塞尔对此很不服气，认为只有通过你死我活的决斗，才能让人心里服气。特鲁塞尔提出，双方应该决斗，而且要用长矛、利剑和匕首各战三个回合。当时的盖斯克兰虽然身患疟疾，卧病在床，但还是勇敢地接受了挑战。到了指定的日子，两位勇士出现在比武场上，观众足有几千人。交战的第一回合，法国人处于下风，盖斯克兰持盾牌的手臂受到重击，而且由于身体虚弱，他几乎摔到地上。他的所有朋友都认为他完蛋了，很是痛惜。但是盖斯克兰重新振作了精神，准备凝聚全身力气最后一搏。交战的第二回合，他瞄准对手的肩部奋力一击，他成功了，对手摔下马来，血流如注。盖斯克兰跳下马，手持长剑，打算砍下对手的头颅。这时，法官把一柄镀金的权杖掷向场地中间，宣布决斗到此为止。在观众的欢呼声中，盖斯克兰无比荣耀地退出场地。接着，四名英国护卫和四名法国护卫乱打了一通，法国人占了上风，整场决斗正式结束。

15世纪初，查理六世统治时期，法国议会安排了一次决斗，非常有名。有一位绅士名叫卡洛吉，他在前往圣地朝圣时，家里的妻子被一名叫莱格利的恶棍强暴了。莱格利否认自己强暴，声称是卡洛吉的妻子主动投怀送抱的。卡洛吉向莱格利发起挑战，指控莱格利不仅犯有强奸罪，还犯有诽谤罪。卡洛吉的妻子也说自己是无辜的，议会无法证实谁是谁非，于是一场决斗不可避免。那一天，卡洛吉的妻子也坐着马车前来观看，但国王让她下车，因为到现在为止还不能确定她是无辜的，所以她没有资格乘车。国王命她站在一座绞刑架旁等待决斗的结果，听从上帝的判决。一阵短兵相接的激烈打斗之后，卡洛吉将对手挑下马来。莱格利很沮丧，承认自己犯有强奸和诽谤双重罪行，然后被押上绞刑架，当众绞死。

　　无数相似的事件不断发生，直到一次不幸的决斗发生后，才使得法国国王亨利二世庄重宣布，类似的决斗不允许再次出现，不管是民事案件、刑事案件，还是涉及身份和尊严的纠纷，都不能靠决斗解决。这次具有历史意义的决斗发生在1547年。此前，盖伊勋爵告诉好友弗朗索瓦，说年轻的继母爱他胜过爱父亲，他想从继母那里得到多少钱，继母就会给多少钱。弗朗索瓦把这个见不得人的秘密透露给皇太子，而太子告诉了国王，国王传给了朝臣，朝臣又告诉了他们的朋友。没几天，这个秘密传到了盖伊的父亲那里，他马上叫来儿子质问此事。盖伊否认自己说过这样的话，更不承认自己与继母私通，而且表现得义愤填膺。他让父亲陪他前往法庭，控告这些人。在法庭上，弗朗索瓦站出来作证说，盖伊曾亲口讲过这件事。谁也弄不清楚到底谁的话更可靠了，于是皇家议会决定通过决斗来作出判断。可是，弗朗西斯国王坚决反对决斗，而且告诫众人，谁也不许继续谈论此事，否则重罚。一年后，弗朗西斯国王去世，皇太子即位，也就是亨利二世。他当年也曾卷入这场官司中，现在决定落实这场决斗。

　　决斗日期被定在1547年7月10日，国王表示将亲临现场，准备工作开始大张旗鼓地进行。弗朗索瓦认为自己胜券在握，就事先在决斗场附近搭建了一顶豪华的帐篷，准备决斗胜利后邀请国王和150位朝廷重臣共进晚餐。那天中午，两位斗士上场开战。弗朗索瓦身体强壮，非常自信，进攻迅猛；盖伊则小心防护，做好了最坏的打算。很快，盖伊陷入了困境中，遭到对手重重一击，倒在马上。他连忙用盾牌遮住头部，抓住时机瞄准了对方未做防护的大腿，猛地刺了两矛。所有观众都发出惊呼声，国王顿时感到极度懊悔，叹息不已。弗朗索瓦倒在地上，手握匕首，拼命刺向盖伊，但气力不支的他无力地倒在了助手怀里。得胜的盖伊揭去头盔，跪在地上，紧握双拳，向上天欢呼胜利。决斗结果令弗朗索瓦深感羞耻，拒绝医生为他包扎伤口，将绷带扯下来扔到一边，两天后含恨身亡。自此以后，法国人把所有隐蔽、狡猾的进攻都称作"盖伊的攻击"。

亨利二世痛惜自己失去了一位最要好的朋友，并郑重发誓，只要自己在位，就要坚决制止任何形式的决斗。事实上，决斗仍在发生，他自己也在一场决斗中负伤，不久后就死了，享年41岁。亨利在决斗这件事上没有遵守誓言，人们都觉得他的死是上帝对他的惩罚。

接下来的国王分别是弗朗西斯二世、查理九世和亨利三世，在此期间，决斗的次数达到了令人吃惊的程度，以至于史学家们将那个时代称为"决斗狂的时代"。巴黎国会不得不想尽一切办法制止决斗的进行。在1559年6月26日发布的文告中，国会宣布：任何人如果实施、协助或教唆决斗，将被视为对国王的背叛，被视为违反了法律、破坏了和平。

1609年，亨利三世被人暗杀。他生前非常宠爱一位名叫里尔·马利奥的年轻绅士，后者闻听国王的死讯，悲痛欲绝，决心追随国王而去。不过，自杀在当时是件不体面的事，于是他想办法找了一个更好的理由为他的主人捐躯。他宣布，国王之死是国家不幸，如果有人不同意他的观点，就必须和他决一死战。不曾想还真的有一位年轻人跳了出来，接受挑战，他的名字叫作马洛尔斯，是个暴躁而勇猛的青年。比武那天，马洛尔斯发现，对方没有戴头盔，也没穿铠甲。他不相信有这样的事，问自己的助手，助手确认了他的话。他兴奋地说："这可太容易了，如果我不能将长矛插进他的头颅，我就是世界上最笨的人！"不出所料，刚一交手，里尔·马利奥就命丧黄泉，连一声呻吟都没有。马洛尔斯带着胜利的荣耀，得到了巴黎的太太小姐们的极大青睐。

亨利四世登基后曾颁布法令禁止决斗，但是他无法克服长期以来的习惯，从来没有认真惩罚过那些违反禁令的人。他认为决斗可以培养英勇好战的精神，有助于提高国力。因为国王是这样一种态度，所以决斗屡禁不止。据1627年的统计，亨利四世即位以来，在大约18年时间里，共有4000多人在决斗中丧生，平均每周4～5人。在之后的几年，决斗的风气继续蔓延，而且越来越深入人心。直到红衣主教黎西留出任首相时，这种情况才得到根本的改变。

黎西留非常关注这种害人的习俗，认为只有最严厉的刑罚才能制止这种罪恶。当初，在他担任地方主教时，曾经得罪了泰米尼斯侯爵。按照惯例，无论是谁，都不能向神职人员提出挑战，于是侯爵就决定向黎西留的弟弟挑战。一天，泰米尼斯把黎西留的弟弟黎西留侯爵叫到自己身边，向后者抱怨他哥哥不守信仰、亵渎神灵，语气中充满轻蔑。此举激怒了黎西留侯爵，双方决定通过决斗解决问题。结果，黎西留侯爵被刺穿心脏，当场死去。从那时起，这位主教就坚决反对决斗，发誓扫除这个恶习。后来，他当上了法国的首相，开始严格地履行他早年发下的誓言。但是，尽管多次发布禁令，仍有贵族为一些琐碎无聊的理由互相拼杀。黎西留决心给他们一点颜色看看。不久，两名贵族发生了一场决斗，尽管决斗本身并没有给交战双方带来致命的伤害，但黎西留还是拿他们开刀了——将他们斩首示众。

　　1632年，两名贵族在一场决斗中双双命丧黄泉。执法官员得到消息后马上赶到现场，剥光两具尸体的衣服，头朝下吊在绞架上示众。在这种严厉的惩罚下，喜欢决斗的狂热分子低调了一些，但是没过多久他们又开始蠢蠢欲动。黎西留低估了决斗的精神力量，没有找到决斗之所以屡禁不止的关键原因：决斗者并不惧怕死亡，而是害怕蒙受耻辱和蔑视。

　　那个时代，德国人也沉迷在决斗之中。德国有三个合法的决斗场所：弗朗索尼亚的威茨堡、斯瓦比亚的乌斯帕克和哈勒。在法律的鼓励下，每天都有大批人赶到这三个地方互相厮杀，而且要提前预订场地。决斗者如果只是受了伤就放弃战斗，会遭到人们的唾弃，所有人都将对他嗤之以鼻；如果临阵脱逃，就更会没脸见人。这两种人在德国不许刮胡子，不许赤膊，不许骑马，更不能担任公职。相反，如果一个人在决斗中死亡，将用隆重而豪华的礼节为他安葬。

　　1652年，两位公爵各带四名随从进行了一次决斗。他们虽是连襟兄弟，但敌意颇深。决斗时他们选用了手枪，第一发子弹就令一人毙命。死者的副手立即向胜者的副手挑战，两人虽然以前从未见过面，但比自己的主子还要拼命。

双方用剑搏斗，比第一回合时间更长，也更激动人心。决斗的结果是一人心脏中剑，倒地抽搐而死，场面的残酷、野蛮闻所未闻。伏尔泰所编的《轶事辞典》中说，决斗者所带护卫人数并不固定，当决斗者无法再战时，护卫就互相拼杀。那个时代，两人之间友谊最深的标志就是其中一个决斗时叫上另外一个做护卫。许多绅士们都渴望有机会做朋友的护卫，并以此为荣，有时还为此争吵不休。有位名叫布西的伯爵要与人决斗，竟有个陌生人找上门来，要求布西能赏光让他做护卫。他听说布西比较勇敢，就打定主意要做他的护卫。布西表示了真诚的感谢，然后表示抱歉："我已经有四个护卫了，还有好几个争着要来，如果都带上，决斗就要变成战争了。"

第四节　恶习难除

当决斗被广大公众欣然接受时，整个社会的状况一定很糟糕。路易十四预见到这种情况，下定决心要革除这一弊端。1679年，他颁布法令禁止决斗，重申并保证实施前任皇帝亨利四世和路易十三的严厉措施，还表示决不宽恕任何以身试法的人。根据这个法令，成立了一个高级风范法庭，法官由高级军官担任，如果有人胆敢不遵守法庭的判决，他将被处以罚款并遭到监禁；如果逃到国外，他在国内的财产将被全部没收，直到他回国伏法为止。法令规定：任何人无论任何原因，都不得选择决斗，否则不管他是不是站在正义的一边，都无法从风范法庭得到任何补偿，而且将被停职三年，再入狱两年，还要缴纳数额为他年薪一半的罚款；接受挑战的人、传送挑战书的仆人或其他人，都将被判有罪；如果是初犯，必须戴枷示众并当众鞭打，而如果是累犯，将被送到船上罚做三年苦役；参加决斗的人，不管有没有致人死命，都要被判谋杀罪，地位较高的人将被斩首，地位中等的人要受绞刑，而且不能按照基督教的礼节安葬。

在发布这项严厉法令的同时，路易十四要求手下重臣发誓不以任何借口参与决斗。路易十四发誓，他将永不放弃自己的立场，并将严厉追捕所有的决斗者。一时间，全国各地都有很多决斗者被处决，参与决斗的人数迅速减少。在之后的几年中，决斗的现象几乎销声匿迹。国王很高兴，下令镌刻一块奖章来纪念这个成果。在路易十四的有生之年，他一直非常关注这个法令的实施，甚至还在遗嘱中告诫继位者一定要坚持实施决斗禁令，决不能对违犯者有一点慈悲。

在马耳他，政府早就正式颁布了一项关于决斗的奇特法律。根据这项法律，人们只能在一条指定的大街上决斗，否则法庭将按谋杀罪惩罚那些人。这项法律中还有一个奇特的规定：如果有牧师、骑士或女士要求停止决斗，决斗者必须停止，否则将受到重罚。事实上，骑士和女士都极少使用这一特权。骑士自己还会经常卷入决斗中，当然不好阻止别人决斗；女士们清楚，如果决斗者被阻止战斗，将受到他人的羞辱，所以也不愿充当和事佬。只有牧师常常充当调停人。

在英格兰，决斗在16世纪末、17世纪初时达到了无可比拟的程度。在现代社会，司法判决很少以决斗为依据，可历史上这类事情却很常见。在17世纪初的一个案件中，原告、被告双方都认为自己拥有同一片土地，僵持不下。被告提出，他可以通过一场决斗来证明他确实拥有那片土地，原告接受了这个挑战。由于法庭找不到禁止决斗的法律条文，无权阻止此事，就同意双方各自推选一名斗士决一胜负。伊丽莎白女王听说了这件事，想促成双方和解，但由于他们的所作所为完全符合法律规定，最后她也不得不同意决斗。那一天，双方的斗士如约前来，做好了厮杀一番的准备。按照法律程序，原告和被告要当众确认自己的代表。但原告没有出现，决斗无法进行，原告的缺席被认为是弃权，法官们宣布了这个判决，并禁止原告在任何其他的法庭重新提出诉讼。

在英格兰，最引人注目的决斗发生在1612年。有个名叫桑奎尔的苏格兰贵族和一个名叫特纳的剑术教师曾经比试过武艺，在切磋中，桑奎尔不慎被特纳刺中了眼睛，特纳赶忙道歉说他不是故意的，桑奎尔很宽宏大量，原谅了对方。三年后，桑奎尔爵士前往巴黎，法王亨利四世不经意地问起他的眼睛是怎么受伤的，桑奎尔很不自然地回答说是被一位剑术教师刺伤的。桑奎尔常常自夸是当时最高明的剑客，因此提起这件事时满脸通红。亨利忘了自己反对决斗的立场，好奇地问："这个人还活着吗？"这个问题深深地刺伤了桑奎尔的自尊心。他满怀复仇的决心返回了英格兰，打算再与那位剑术教师一较高下。但他又觉得与对手平起平坐地交手有损自己的身份，于是雇了两名刺客，把剑术教师杀死在家中。不久，刺客被抓住砍了头，桑奎尔躲藏了几天后向法院自首，希望法庭网开一面。可惜的是，国王为了重振朝纲，对他的请求置之不理。最后，桑奎尔被判处绞刑。

在英国，许多国王都曾颁布法令禁止决斗。查理二世也发布过这样的禁令，但在他统治期间发生了一场臭名昭彰的决斗。1668年1月，邪恶的白金汉公爵勾引了施鲁伯雷伯爵夫人。伯爵向白金汉发出挑战，要求用决斗判明是非。查理二世极力劝阻，他并不是考虑到社会公德，而是担心失去自己的宠臣。但两人仍然选择了你死我活的决斗，最终，白金汉一剑刺死了可怜的对手，并携着对手的妻子仓皇出逃。事件发生后，国王努力使当事双方逃脱惩罚，并宽恕了所有参与决斗的人，不久又发布命令，正式赦免了杀人犯。为了挽回影响，国王又宣布，以后再也不对任何犯法者慈悲。在这件事中，很难说哪一个人最声名狼藉：是国王，是白金汉公爵，还是那个贵妇？

安娜女王时期，人们对决斗的抱怨从未停止过。1712年，汉密尔顿公爵和莫汉爵士之间发生决斗，结果令人痛惜。在这之前，这两位绅士已经打了11年的官司，依旧没得出什么结论，两人积怨越来越深。11月13日，他们在大法官奥列巴先生的房间里会面。在谈话中，他们觉得对方的言辞冒犯了自己的尊严，就约定三天后进行决斗。这场决斗发生在海德公园，两人双双倒在血泊之中，莫汉爵士当场毙命，汉密尔顿公爵也在被仆人抬上马车时咽了气。这场决斗不仅在伦敦，而且在全国都引起了巨大轰动。1713年国会议会开幕时，女王在演说中特别举出许多决斗的案例，建议国会制定快速而有效的补救措施。议员们形成了一个议案，但在第二次审核时被否决了。

1765年，在拜伦爵士和切沃斯先生之间发生了一次著名的决斗。本来两人在咖啡馆里聊天，当谈论到谁的封地上猎物更多时，两人争执起来。由于酒精的刺激，他们都十分冲动，当即来到隔壁，拔出利剑，在微弱的烛火中进行决斗。切沃斯剑术虽好，但受了一处致命伤，很快死去了。拜伦爵士被带上法庭，由于这场决斗并无预谋，而是在冲动状态下进行的，所以他只是被判过失杀人，缴纳罚款后被当庭释放。这次判决影响很坏，从此以后，人们觉得决斗根本算不上犯罪。

在法国，对决斗的处罚要严厉得多。1769年，在一场决斗中，有位名叫都什拉的议员杀死了佛兰米什军团的一名上尉。议会认为，该议员的决斗行为是犯罪，充当其护卫的仆人也犯有谋杀罪。都什拉被判车裂之刑，他的仆人则被送到船上终生做苦役。

1778年11月，两个外国探险家在英国的巴斯进行了一场野蛮、惨烈的决斗，他们分别是里斯伯爵和都·巴里子爵。两人本来是好朋友，冲突的原因说起来可笑，在赌博时，都·巴里不同意里斯的一个说法，就说："你说的不对！"里斯马上质问对方，于是两人争吵起来，并很快完成了挑战和接受挑战的程序。天亮后，他们每人佩戴两把手枪和一柄短剑，带着护卫到了比武场。都·巴里开枪打伤了里斯的大腿，里斯射中了都·巴里的胸膛。双方不顾伤口，奋力向前冲，用第二把手枪向对方射击。他们的第二枪都没射中，于是他们扔掉手枪，准备拔剑血战。突然，都·巴里身体摇晃，脸色苍白，倒在地上大叫："你要救我！"里斯刚要回答愿意时，都·巴里就死去了。验尸官们仔细检查了都·巴里的尸体，判定这是过失杀人。里斯伯爵身体恢复后，被指控犯有谋杀罪。在法庭上，他极力为自己辩护说决斗是公平合理的，而且决斗发生得很突然，他自己也对都·巴里的不幸表示深切的痛惜，因为两人之间的深厚友谊已保持了很多年。他的话打动了陪审团，最后被判犯有过失杀人罪，法庭只在名义上对他进行了惩罚，然后就将他释放了。

发生在1789年的一场决斗虽然不那么激烈，但双方的级别都很高，因而引人注目。交手的双方是约克公爵和莱诺克斯上校，后者是某公爵的外甥和继承人。冲突是由约克公爵挑起的，他当着几位皇家禁卫军军官的面，污蔑说莱诺克斯上校缺乏威信，没有人愿意服从他。莱诺克斯上校听说了这件事，公开质问公爵是否说过这样的话。约克公爵没有正面回答，而是暗示对方：如果你真的有尊严，那么你可以选择决斗，拼个你死我活。于是两人在温布尔登公园进行决斗，莱诺克斯率先举枪射击，子弹从对方头顶上擦过，烧焦了几绺卷发。公爵没有还击。在护卫们的调解下，这次决斗很快结束了。

爱尔兰人酷爱决斗，这是举世闻名的，即使是最轻微的冒犯，也可能引起挑战。在那个时代，任何人都必须用宝剑和手枪赢得名誉。每个政治派别都养着一帮打手，大家称他们为"吃火药的人"。他们脾气火暴，好勇斗狠，经常大打出手，是典型的害群之马。这些人喜欢吹嘘，说自己枪法高明，弹无虚发，所以他们在决斗前就要确定，是要把对手杀死、致残、破相，还是只擦伤他的皮肤。

19世纪初，决斗之风的盛行达到了令人吃惊的程度。国王乔治三世抓住了一个机会向爱尔兰人表明，任何决斗中的杀人者都将被绳之以法。这件事发生在1807年6月。坎贝尔少校和博伊德上尉之间发生了一场争执，两人都是军官，对阅兵时如何使用口令有不同的看法。争论中，他们的言辞渐渐激烈起来，于是两人来到一个杂物间，各占一个墙角，距离只有七步。他们互相射击，博伊德上尉受了致命伤，支撑十几个钟头后咽了气；坎贝尔少校逃出爱尔兰，后来被捕，接受审判。在狱中，有人告诉他将被判谋杀罪，还会被当作爱尔兰决斗者的典型，受到严惩。但他还是满怀希望，希望陪审团只判他过失杀人罪。最终陪审团做出了故意杀人的结论。他的妻子跪倒在威尔士王子面前，乞求他说服国王，救救她可怜的丈夫。尽管她用尽各种手段，仍未得到皇室的宽容。乔治三世不为所动，一切按法律办事，坎贝尔成了牺牲品。

当时，德国的大学生也喜欢决斗，有些纠纷如果发生在别的国家，往往只是打一场架而已，但在德国，这些自以为无比勇敢的年轻人一定要用决斗来解决问题。他们喜欢刀剑，自信可以成功地割掉对手的鼻子。决斗狂们对战利品的数目津津乐道，就像一位将军得胜之后巡视自己的战利品。事实上，引发决斗的原因大多没什么意义，在今天的人看来甚至有点儿羞耻。有的为了一只鹅，有的为了一张账单，很多只是由于牌桌上的争执，或者在戏院中争抢座位时发生口角。成百上千次挑战都是在夜间醉酒时发生的，但在次日清晨，双方仍会拼个你死我活。

当代最臭名昭著的两次决斗，分别是为了一条狗和一个妓女。前一个决斗发生在麦克纳马拉和蒙哥马利之间。蒙哥马利家的狗攻击了麦克纳马拉家的狗，两条狗的主人也参与了战斗。两人争吵的结果是，一人提出挑战，另外一人接受了挑战；两人决斗的结果是，蒙哥马利中弹身亡，对手身负重伤。这件因狗而起的决斗引起了很大震动。医生赫维赛德曾在决斗地点旁边等候救助伤者，却对决斗未加劝阻，所以也以谋杀案帮凶的罪名遭到逮捕，进了监狱。

后一个决斗发生在贝斯特和卡默尔福特爵士之间。双方使用了手枪——在英格兰被认为是最适合决斗的武器。决斗前，双方商定，以抛硬币的办法决定谁先开枪。贝斯特赢了，他一枪就打倒了卡默尔福特。但没有人可怜倒在血泊中的卡默尔福特，因为他是个铁杆决斗狂，曾在多次决斗中杀死多个对手。俗话说，恶有恶报，这个残暴的杀人狂终于死在了他引以为豪的决斗场上。

第五节　重典治乱

现在，让我们了解一下世界各国为了阻止决斗的蔓延而采取的办法。英、法两国政府的确都很努力，但没有取得多大的成功。别的国家也采取了同样的措施，但效果依旧大同小异。在这些君主专制的国家，国王禁止决斗的意志一旦坚定，决斗这种恶习就会有所收敛；如果态度优柔寡断，决斗的数量就会激增。据说，普鲁士国王弗里德里克厌恶决斗，他允许军人决斗，但是双方决斗时，必须在一个步兵营的士兵的面前进行，以便让士兵们见识一下什么是"公平"竞争：士兵们必须严格遵守一项命令，即一旦一位决斗者倒下，他们必须立即向另一方射击，让另一方也"公平"地倒下。这个著名的决定有效地阻止了决斗恶习的蔓延。

奥地利皇帝约瑟夫二世对决斗的态度和弗里德里克一样坚决，但他采取的措施不是那么新奇。下面这封给某将军的信表明了他对决斗的态度：

将军阁下：

我命令你立即逮捕那个决斗的伯爵和上尉。伯爵年轻气盛，对于身份和荣誉有着错误的看法；而那个上尉是个老兵，习惯于用剑和手枪来解决所有纠纷。他们两人都有问题。

我不愿看到在我的军队中发生任何决斗。有些冷酷的人总希望有机会互相厮杀，而且美其名曰"正名"，我对他们这种无聊的诡辩不屑一顾。

如果我的军官在面对敌人时能够不顾一切危险，充分显示他们的勇敢、刚毅和果断，那么我将向他们表示由衷的敬意。在战场上，他们面对死亡所表现出来的冷酷，对于国家是有利的，而且有助于他们建功立业。但如果有人为了满足自己的报复之心而甘愿牺牲一切，那么我将对他们十分鄙视，这种人只不过是个角斗士罢了。

我命令你成立一个军事法庭，严格审判这两名军官。要公正调查他们冲突的缘由，他们必须为违反法律付出代价。

决斗是野蛮时代的遗俗，它给每个家庭都带来痛苦。即使严惩决斗者会使我损失一半的军官，我也要坚持下去。总之，任何人都必须遵纪守法。

约瑟夫
1771年8月

在美国，对于决斗问题，各个州的法令并不相同。有的州对决斗者和护卫的惩罚并不重，只是不到一年的监禁和苦役，以及20年内不得担任公职。有的州惩罚很重，在佛蒙特州，决斗者除了要交纳一笔罚款之外，而且终身不得担任公职，并剥夺公民权。如果有人在决斗中被杀，另一方必须按谋杀罪论处。在罗得岛州，即使决斗没有造成伤亡，决斗者也要被抬上绞架，脖子上套着绳子示众一小时，围观者可以上前殴打他而不受处罚；如果他在示众的时候表现出不服气，那就要入狱一年，接受改造。在康涅狄格州，对决斗者的惩罚是终身不得担任公职，另外还要罚款100～1000美元。在伊利诺伊州，法律规定，政府官员上任前必须发誓：他们以前没有、以后也永远不会牵涉进任何决斗。

欧洲各国在不同时代颁布了不少法令禁止决斗，在这些法令中，波兰国王奥古斯都颁布的法令值得一提。1712年，他宣布对决斗者和随从都必须处以死刑，送挑战书的人也得接受惩罚。1773年，德国的慕尼黑也有一个类似的法律：即使决斗并未造成伤亡，决斗双方也要被处以绞刑，主人和随从都不能逃脱，尸体就埋在绞刑架下。

第八章 决斗还是神裁

1738年,那不勒斯国王发布了一项法令,所有与决斗相关的人都要接受处罚,如果决斗中有人丧生,参与决斗的人必须被处死。在决斗中死亡的人,以及后来被处死的人,其尸体只能埋在荒郊野外,不得举行任何宗教仪式,更不许树立任何纪念物。对于有人受伤和无人受伤的决斗,该法令也规定了不同的惩罚措施,如罚款、监禁、剥夺地位和称号,不得担任公职等。另外,传送挑战书的人也要罚款并入狱。

可以想象,法令如此严厉,清除决斗恶习的行动终会成功。但法律有一个缺陷,即不能使人们心甘情愿地去除这种恶习。其实真正应受谴责的是整个社会,而不只是决斗者。在很多人眼里,决斗者野兽般的勇敢常常变成一种魅力,获胜的一方常常被认为是英雄。拒绝决斗的人,尽管他可能更具有真正的勇气,却通常被视为懦夫。只要社会存在这种风气,决斗就会一直存在,无论法令多么严厉。许多人宁愿被处死,也不愿受人鄙视。

决斗的存在是文明社会的羞耻。要彻底消除决斗,最可行的办法是建立一个风范法庭,这个法庭应该知道哪些行为会给人们造成巨大的心灵伤害。路易十四曾经建立过这种法庭,可以作为后世的范本。一般说来,在冲突当中,如果错误的一方能作出恰当的道歉,就不会再有人进行决斗了。所以,这个法庭的责任就是要冷静地衡量那些伤害他人自尊的话语,责令冒犯者公开道歉。如果他拒绝道歉,就要再加一项罪名:拒绝执行法庭的命令。法庭可以对他进行罚款和监禁,逼迫他认识到自己行为是错误的,并按照法庭的要求作出让步。

这种和平的解决方法如果仍然让某些人不满,那么就只能采用其他方法来对付他们。只把他们当成杀人犯绞死是不起作用的,这种人不怕死,必须要让他们感到耻辱,才能帮助他们恢复理智。这样看来,更有效的方法应该是放逐或者当众鞭刑。

第九章　都市流行语

在大路旁呆坐，
身上覆盖着厚厚的尘土。
这来去匆匆的人流啊，
就像夕阳余晖中飞舞的小虫。
——英国打油诗

第一节　流行俚语

在每个大都市里，都存在着为数众多的酗酒的工人、穷愁潦倒的乞丐、为非作歹的街头流浪者，还有聚集在街头巷尾的游手好闲之辈。许多作家都描述或抨击过大都市中存在的不幸和罪行，读过之后，令人深感压抑。不过，如果谈起大都市里流行的那些无伤大雅的俏皮话，每个人都会忍不住哈哈大笑。

不管走到哪儿，我们都会听到一些短语，它们总是被人愉快地提起，被众人大笑着接受。各个阶层的人，尤其是无产者——粗手粗脚、蓬头垢面的男人，机灵的肉铺伙计，跑腿儿、跟班，轻浮放荡的女人，车夫，汽车司机，还有那些整天在街头巷尾游荡的恶棍最喜欢这些短语。无论谁说出这些短语，旁听者都会哈哈大笑。它们似乎适用于各种环境，可以回答所有问题。这些无所不能的短语，就是最受人们喜爱的俚语，它往往会在很短的时期内走红，可以给下层人民带来很多乐趣，让他们可以像那些优越的上层人士一样开怀大笑。

伦敦是产生这些俚语的沃土。很多时候，某个短语会突然出现，并迅速地流行起来，没有人确切地知道它是在什么场合出现的，也不知道它到底是通过什么途径传播的。许多年前最受青睐的短语——它只有一个音节，但也确实是一个短语——是"Quoz"，意思是"荒唐事"，这个生僻的词几乎激起了所有人的狂热，很快衍生出了一大串含义。如果一个平庸的人想要哗众取宠，只要说出这个词就会特别有效。例如，某人被请求帮一个他不想帮的忙，他大声说"Quoz"，便足以使提问者怀疑自己是不是有些冒昧；当一个小淘气想要激怒一个过路人，以使他的小伙伴感到高兴，就朝这个过路人大喊"Quoz"，效果常常很好；如果一个争论者怀疑对手的正确性，或者陷入理屈词穷的困境中，他就会说"Quoz"，同时嘴角轻蔑地一撇，并不耐烦地耸耸肩，足以传达出他的全部思想感情。在当时的英国，每一家啤酒店都回响着"Quoz"的声音，街上的每个角落也都充斥着这个声音，甚至每面墙壁上都写满了这个词。

但是，像任何时髦的事物一样，"Quoz"也有它的阶段性，不可能永远担当大众的宠物和偶像。当一个新的流行语出现时，它马上就销声匿迹了。

"What a shocking bad hat（多么糟糕的破帽子）！"就是接下来的时髦短语。它刚刚开始流传时，千百双雪亮的眼睛开始关注路过的人的帽子。如果谁的帽子有一点儿皱褶，不管皱褶多么微不足道，立刻就会引起众声喧哗："What a shocking bad hat！""What a shocking bad hat！""What a shocking bad hat！"……不同的嗓音无休无止地重复着同样的几个音节，就像印第安人在战场上的叫喊一样聒噪。被嘲笑的人无助地暴露在众目睽睽之下，最明智的办法是听其自然，面对周围人的叫喊克制住怒气；如果对这种诋毁表现出一点点不满，将会引起更多人的注意。人群会渐渐围过来，分析这个人是不是容易被冒犯，如果发现这个人与自己属于同一个阶层，很可能会捉弄他一番。爱捉弄人的人会抓起他的帽子，扔到阴沟里，然后再用棍子挑起来，让沾满泥巴的帽子被大家看个够！这个举动会让所有围观者哄然大笑，所有人都笑得合不拢嘴，笑得说不出话，但还是会努力大喊："哎呀，多么糟糕的破帽子！"这种场面让许多穷人深感不安，为了避免陷入这种尴尬场面中，他们会倾其所有买一顶没有皱褶的新帽子。

"Hookey Walker（逃学者）"源于一首流行民歌，也在一夜之间大红大紫。像"Quoz"一样，这个短语可以用来回答所有问题。后来，"Walker（走人）"独蒙垂青，而且有着独特而古怪的发音方法。如果一个可爱的小女仆遭到一个不可爱的小伙子的纠缠，她就会皱皱鼻子，大喊一声："Walker！"一个清洁工向别人借钱,那人或是不愿借给他,或是没钱借给他,常常也会回答:"Walker!"如果某个醉鬼跌跌撞撞地走在大街上,一个男孩过来拉他的衣角,或者一个成年人敲打他的帽子、开他的玩笑,他也会大喊:"Walker!"这种时尚大约持续了两三个月,然后就消失不见了。

下面这句话也没有人知道它的来龙去脉,但是,伦敦人认为,它显然是诙谐得出格的俚语。"There he goes with his eye out(他瞪着眼睛去那儿了)!"这句话在市区的每张嘴里传递着,莫名其妙,不可理喻,稍有理性的人都感到非常困惑,认为它很愚蠢。不过,这句奇怪的话给粗俗的人带来了很多快乐,大多数人认为它很有趣,无所事事的人还把它写在墙上,甚至雕刻在纪念碑上。但没多久,人们就失去了对它的兴趣,在任何场所都听不到了。

紧接着,另一句有些出格的俗语在城市里兴起了,它是一句下流的提问:"Has your mother sold her mangle(你妈妈卖她的绞肉机了吗)?"这句话的流行不像前几句那么狂热,妨碍它大红大紫的原因是:对年纪大的人极不适用。所以它的流行时间很短暂,很快就消失了。

它的后继者的命运则大为不同,由于根基非常深厚,所以,虽然时间在流逝,时尚在变化,但这句话一直没有消失。这句话就是"Flare up(着火了)",即使是现在,它也是一个通用的口语。这句话是在改革的暴乱中兴起的,据说,当时狂热的人们正在放火焚烧布里斯托城,在大火蔓延到一半的时候,所有人的热情都像火一样燃烧起来,异口同声地大喊:"着火了!"这个单词极大地刺激了人们的狂热,把所有的其他俚语都压住了。在当时的伦敦,除了"着火了"之外,几乎听不到别的话了。它能回答所有问题,能解决所有争端,适用于所有人、所有事、所有场合……一时间,它成了英语中含义最复杂的短语。言谈失礼,被称作"着火了";过多地光顾酒店,损害了自己的健康,被称作"着火了";大发雷霆,被称作"着火了";任何一种骚乱,都被称作"着火了";恋人之间发生争吵,是"着火了";两个街头恶棍发生殴斗,是"着火了"……

第九章 都市流行语

在寂静的深夜里，如果你失眠，或者因为别的原因没有睡熟，你的耳朵里会充满"着火了"；在静夜里，你会因为"着火了"的声音不绝于耳而失眠。在应该睡觉的时间里，醉鬼摇摇晃晃地走在街上，边打酒嗝边大喊"着火了"，以此表明他仍然是一个男子汉和好市民。酒精使他的大脑一片空白，这个流行语是他与人类世界的最后一丝关联，只要能发出这个声音，他就能确信自己仍然是个地道的英国人。他向前挪着步子，发出喊声打扰着安静的街道和熟睡的人们，直到筋疲力尽，醉倒在路边的阴沟里。巡逻的警察提灯照亮他的脸，大声说："这个可怜的家伙'着火了'。"然后用担架把这个醉如烂泥的家伙抬到看守所里，扔进一间肮脏的小屋，屋子里挤满了像他一样烂醉如泥的可怜虫，先来者们会大喊："这个家伙'着火了'！"

另一个短语也很受人青睐，最初，它似乎是专用于那些装腔作势、扮成熟的大孩子身上。"Does your mother know you are out（你妈妈知道你出来了吗）？"这个提问会使那些招摇过市的大孩子非常恼火。他们喜欢叼着烟卷，戴着假胡须，在大街上横冲直撞，看上去不可一世。如果想让他们老实点，就要向他们提这句话。很多年轻人对这句话深恶痛绝，尤其是那些穿着漂亮的小店员和学徒，如果有人这样说他们，可能会遭到一顿暴打。不过，这句话还是有积极作用的，它可以提醒那些自负的年轻人，很多事情并不是想象中那么好玩。这句话之所以令人恼怒，是因为它怀疑被问者的自立能力。曾经有一个出租车司机，他忽略了自己的身份，对一位上等贵族说了这句话。这位贵族是一位公爵的继承人，又享有"勇士"称号。他听了怒不可遏，向法庭控告了这位冒犯者。为了显示他的贵族身份，他要求法庭处以双倍的罚金，但法庭没有同意。站在旁听席上的所有出租车司机都兴奋起来，一起大声羞辱他："你妈妈知道你出来了吗？"在震耳欲聋的嘲笑声中，这位贵族不得不迅速逃离法庭。被告席上的车夫辩解说，他没注意到对方的贵族身份，并不是有意冒犯。但法庭还是对他罚了款。

渐渐地，人们不再热衷这句话了，随着它的销声匿迹，"Who are you（你是谁）？"占据了统治地位。这句问话几乎在伦敦的每条林荫路上回响。像那些已经大红大紫过的俚语一样，这句话也适用于任何场合。由于它的含义过于微妙，使用起来过于精致，所以那些说话直白的人一点儿都不喜欢它。但在旁人看来，他们不见得真的不喜欢它，而是驾驭不了它。那些自以为机智的人很喜欢这句话，不学无术的人用它来掩盖自己的无知，爱开玩笑的人用它来制造笑料。在每一个啤酒店里，每出现一张新面孔，大家都会唐突地问他："你是谁？"如果他表情愕然，抓着头皮不知如何作答，周围的人就会哄堂大笑。在激烈的辩论中，如果双方都问出这个问题，那么辩论就难以继续进行下去。在这句话最流行的时期，曾经有一位绅士遇到了小偷，小偷刚把一只手伸进他的口袋，他突然回身，当场抓住了小偷的手腕，大声喝道："你是谁？！"周围的人纷纷聚集过来，鼓掌喝彩，认为这是他们听过的最伟大的笑话，在机智和幽默方面已经登峰造极。另一个这样精彩的一幕发生在王室高级刑事法院。站在被告席上的被告已经被确认有罪，于是辩护人不再为他辩白，而是希望法庭酌情考虑被告平日里的优良品行，宽大处理。"你的证人呢？"法官问辩护人。旁听席上一个粗鲁的声音说："我是证人。法官大人，请允许我斗胆直言。我了解这个被告，在所有活着的人当中，再也找不到比他更诚实的了。"所有人都惊呆了，强忍着不笑出声来。"你是谁？"法官猛然抬头问道，表情沉静而庄严。大家被压抑着的窃笑爆发成哄堂大笑，持续了好几分钟，整个法庭都震动了，天花板上的灰尘都被震落下来。这位资深的法官因此获得了民众对他的广泛爱戴，人人都夸他充满智慧、非常幽默。

第二节　流行歌曲

很多时候，流行语需要和流行音乐争抢主导时尚的权利，也就是说，当人们热衷于音乐时，流行语的发展往往会停滞不前。大约30年前，伦敦广泛传唱着一首歌，似乎所有人都被它的旋律深深打动。这个到处传唱的曲子非常简单，歌词只有"樱桃熟了"一句，反复吟唱。所有的人都在哼唱这句话，所有的小提琴都在演奏这首乐曲，每一支能够勉强发出声音的破笛子、箫管及每一架手风琴全都在疯狂地演奏着这个旋律。于是乎，所有喜欢读书和喜欢安静的人都只能绝望地堵住耳朵，或者干脆逃到田野和树林里去寻求宁静。这场狂热持续了整整一年，最后，只要一提起"樱桃"两个字，所有人都难受得发疯。"樱桃"就这样衰退了，城市里又开始流行另一种新时尚——大拇指放在鼻尖上，转动手指，这个莫名其妙的动作突然走红，被认为适用于所有情况、能解决所有问题。如果想激怒别人，那就当面使用这个神秘的手势吧，你肯定会达到目的。在那个时期，如果你细心观察就会发现，在街上任何一个角落，在两分钟内，肯定有人做这个手势。这个手势可以表示怀疑、诧异、拒绝或者揶揄。这个荒唐的习惯直到今天也没有完全消失，不过，即使在最粗俗的人群中，它也被认为很无聊。

大约16年前，伦敦又一次陷入对流行音乐的疯狂中。所有人都在歌唱"大海啊，大海"，不惜唱哑自己的喉咙。对于大海，这个民族有着天生的热爱。他们在海洋上所向无敌，于是他们对海洋更加痴迷，这种痴迷已经深深融入了人们的日常生活中。他们会在市场上歌颂大海，流浪街头的艺人更是高唱大海来激发围观者的善心，不管是上等人、下等人、年轻人、老年人、男人、女人，全都屈从于海洋的魅力。这个民族不再歌颂爱情，而是没日没夜地歌唱"大海啊，大海"。在整整六个月的时间里,人们不得不忍受这种喧嚣。他们被折磨得精疲力竭,甚至引发了恐海症。

后来又出现过好几首流行歌曲,但是除了一首叫作《在我的帽子周围》的歌曲以外,其他几首都不怎么受欢迎。再后来,有一位美国歌手引进了一首歌,歌名叫作《乌鸦吉姆》,这是一首令人作呕的歌曲。这位歌手身穿与他的歌曲相配的黑色演出服,一边唱,一边还要做出稀奇古怪的动作,而且,在每个小节的末尾,他都要猛地扭转身体。这首歌马上吸引了大家的注意力,把所有人的耳朵都磨出了老茧:

扭身、旋转,
就这样——
扭身、旋转,
跳吧,乌鸦吉姆!

街头艺人也爱唱这首歌,为了获得更好的效果,他们在演唱时会涂黑自己的脸。当时的孤儿们为了谋生,要么去偷窃,要么就学唱这首歌,后一种选择当然更体面。每天晚上,在任何一条大街的夜市上,都会听到这首歌,而且可以欣赏到动作无比夸张、粗俗得无以复加的歌舞表演。有时候,歌声尖锐刺耳,直冲云霄,能盖过人群的喧嚣和机器的轰鸣。

以上就是伦敦市民的一些怪癖。在没有暴乱、极刑、谋杀、通货膨胀扰乱他们平静生活的时候,他们就会不自觉地产生一些奇思怪想,制造几句无聊的俏皮话,以减轻生活压力。对于这种现象,智者觉得可笑,但他们还是充满同情地说:"只要人们愿意,就应该尽情享受他们的俚语和歌曲。他们不见得会因此而感到幸福,但是很可能会因此而暂时忘掉不幸。"无论是英国人还是法国人,还是其他地方的人,都能从一首歌、一句话那样的小事中得到安慰。我们应该和法国诗人白朗杰一起承认：

> 对无数生存艰难的老百姓来说，
> 什么东西能给他们带来快乐？
> 那就是俏皮的流行语。
> 哦！俏皮的流行语！

第十章　十字军东征

> 一听到大将军的声音，
> 他们就立刻从命，纷纷跃起。
> 就像一阵蝗虫组成的乌云，
> 使大地黑暗无光。
> 鲜艳的旌旗在空中竖起，
> 在一片长矛的森林中飘荡。
> ——弥尔顿《失乐园》

第一节　坎坷朝圣路

每个时代都有某种疯狂的情绪，有时是政治上的，有时是宗教上的，或者二者兼有。公元10世纪开始的十字军东征就是一例，它所引发的集体狂热的程度之高史无前例。

最先去朝圣的是一些虔诚的基督徒，他们渴望瞻仰耶路撒冷那片神圣的土地，相信不管自己的罪孽多么深重，到那里之后就能洗刷干净。他们不怕艰难险阻，在每一个被传教士描绘过的地方流连忘返，心中充满了神圣的喜悦。另外还有一些人并不是虔诚的教徒，他们之所以跑到遥远的圣地，仅仅是因为强烈的好奇心，是为了"赶时髦"，以便在返回时吹嘘自己的所见所闻。

这些人全力搜寻传说中的遗迹，用大瓶子装满约旦河的水，从耶稣受难山上驮下一筐筐的泥土，把它们运回欧洲，以惊人的高价出售给教堂和修道院。很多遗物都不足凭信，比如从耶稣受难的十字架上切下来的木片、圣母玛利亚的眼泪和她长袍的折边，以及耶稣使徒们的脚指甲和头发，甚至还有圣保罗当年的帐篷。事实上，圣徒们带回欧洲的十字架上的木片加在一起，要比100棵橡树所能提供的木片还要多；而圣母留下来的眼泪如果能收集在一起的话，灌满一个游泳池也绰绰有余。

面对潮水般的朝圣者，巴勒斯坦官方颁布了一个苛刻的法令：每个进圣城的人都必须缴纳一个金币的税。朝圣者千辛万苦才来到这里，对这个规定愤怒至极，但毫无办法。穷愁潦倒的人群在圣城外徘徊，直到某个富裕的信徒用马车载了一大堆金币来解救他们，替他们交了税才得以进城。对巴勒斯坦的统治者来说，朝圣者成了他们的财源。

在10世纪末，世界末日传言占据人心，据说上帝将降临在耶路撒冷，审判众生。整个基督教世界陷入了骚乱，基督徒们拖家带口，背井离乡，赶到耶路撒冷等待主的审判，并希望通过艰苦的朝圣来减轻自己的罪恶。流星、地震、飓风等自然现象使这种恐怖气氛更加浓重，任何一颗流星划过天际都会使人们心惊胆战，于是纷纷抛开家业，涌向圣城。朝圣者越来越多，从事生产的人越来越少。在从欧洲到巴勒斯坦的大道上，随处可见成群结队的乞讨者，成千上万的朝圣者挣扎着活命，一旦看到路旁有成熟的野果，哪怕是小指甲大小的一颗浆果，他们也会欣喜若狂。

朝圣者不断涌入圣城，人数越来越多。当地统治者唯恐自己被这些人挤出城去，于是在前往圣城的路上设下重重阻碍。等待朝圣者的是各种迫害：抢劫、鞭打、连续数月被拒之城外、被迫缴纳一块金币的入城税，等等。双方矛盾不断加深，火药桶已经到了爆炸的边缘。

末日审判最终没有到来，恐慌渐渐消退，一些朝圣者斗胆返回了欧洲。他们在朝圣过程中饱受折磨，于是在回到欧洲后愤慨地讲述所受到的凌辱。奇怪的是，这些苦难故事激起了又一轮狂热的朝圣。路途越是艰险，受到的苦难越多，深重的罪孽就越有机会得到救赎。又有一群群的人从欧洲出发，希望能到圣地一睹天堂的风采。在整个11世纪，这种情况一直持续着。

当时有一位名叫彼得的隐士，他历经磨难赶到耶路撒冷，亲历了种种折磨。这使他义愤填膺，一返回欧洲就到处讲演，历数东方世界的邪恶，声泪俱下地讲述基督徒在圣地所受的虐待。此举得到教会的重视，教会赞同彼得"解放圣地"的想法。

当时，教士阶层对全社会有着举足轻重的影响。尽管教会使大众处在奴隶般的从属地位，但除了自己之外，教会鼓励大众反抗其他一切压迫，并宣称：

所有人在上帝面前一律平等。这多么令人振奋啊！所以，教会一开始倡导十字军东征，人们就热情地投身其中。

宗教唤起了大众激情，另一个因素则促使贵族也加入了东征的行列。当时的贵族们性格残暴、无法无天，但他们也有一个不错的品质：勇敢。就这样，对宗教的狂热以及好战的情绪把他们推向了战争。欧洲的国王、王公们很高兴：这么多惹是生非、嗜血成性的人离开祖国，对国家的统治大有好处。于是乎，国王和教会出于政治上的考虑，贵族们出于对领土的渴求，大众出于对宗教的狂热，社会的每一个阶层都蠢蠢欲动，都打算投身到这场战争中。

教皇派彼得前往欧洲各国，号召所有国家联合起来，发动一场圣战。彼得不知疲倦地在欧洲各国传道，把自己的疯狂传递给每一个听众，把整个欧洲的每个角落都搅得沸腾起来。信徒们说，彼得无论何时何地都带着神圣的光芒，他赤裸着双臂、双脚，从来不吃肉，也不吃面包，只靠鱼和葡萄酒维持生计。

当彼得在各地发动民众时，教皇也在意大利积极活动。他召集了教士会议，宣布了伟大的计划。同时又捏造说，东方的君主向欧洲派来间谍，土耳其人正计划征服欧洲。教会当然一致支持十字军东进。

之后，教皇越过阿尔卑斯山，来到法国，在克列芒大教堂前演讲。他站在铺着紫红色丝绒的高台上，激情洋溢，口若悬河。他描述了在圣地的兄弟姐妹们所遭受的苦难，又讲述了巴勒斯坦平原如何被残暴的野蛮人变成不毛之地，然后大声疾呼："听我讲话的人，都是真正信奉上帝的人！我召唤你们！清除覆盖尘世的污垢，把教友从苦难的深渊里拯救出来！那些为了救世主而抛弃田产、父母、兄弟、姐妹、妻子、儿女的人，将会受到百倍的回报，会得到永生！"人们控制不住内心的激情，演讲多次被欢呼声打断。

几天内，教皇的呼吁就传遍欧洲，连最遥远、最偏僻角落的人们都知道了。成千上万的人争先恐后地报名参加十字军，忠诚者、狂热者、穷人、酒徒、浪荡子、瘸子、老人、儿童都恨不得立即跑去打仗。教会向民众承诺，那些为十字军服务的人们一定会得到回报,圣保罗和圣彼得将从天而降,亲自保护十字军战士的财产。那些拒绝参加或者犹豫的人,都受到了可怕的警告。根据罗马教皇的法令,每个参加十字军的债务人都被解除债务,犯人也将重获得自由、平等的权利。在到处流传着的各种奇迹更增添了人们参加十字军的狂热。这一年,北极光出奇的壮观,数以万计的十字军战士冲出家门,匍匐在地,向天空祈祷。人们相信,这是上帝降临了,这预示着主的军队将会把异教徒们一扫而光。

在这场狂热的大潮中,妇女们的激情不亚于男人。几乎每个女人都鼓动自己的丈夫或情人舍弃一切,参加圣战。许多妇女把燃烧的十字架放在胸前或者臂上,再把红色颜料涂抹在烫出的伤口上,作为她永远忠诚于上帝的标志。另外一些妇女则更加狂热,她们甚至在婴儿娇嫩的四肢上烙上十字架的形状。

当时有一名教士偷偷在自己的额头上切了一个十字,再涂上醒目的颜色,然后宣称是某位天使在他熟睡的时候画的。已经陷入癫狂的人们信以为真,对这个撒谎者无比羡慕和崇敬。这个无赖也去朝圣了,他的所到之处,十字军战士都心甘情愿地把自己节省下来的金钱和食物奉送给他。本来,朝圣的道路是无比艰辛的,缺衣少食的,但是这个头上戴着彩色十字架的家伙却很滋润,到达耶路撒冷的时候,他还比之前胖了。

人们涌上集市,争着把各种形式的财产换成通用的金币。土地、房产越来越便宜,价格降到了原来的1/4,而战争所需的武器装备则越来越贵,价格翻了四倍。由于粮食歉收,市场上的谷物本十分缺乏,此时,由于所有人都把存在家里的米拿出来卖掉,谷物突然变得异常充足。日常生活用品的价格大幅度下滑,农夫卖掉犁耙等农具,工匠卖掉工具,只为了能买一把刀剑参加前往圣城的军队。为了同样的目的,女人们也舍弃了她们漂亮的饰物。每个人都急于卖掉自己的所有家产,无论价钱多低都不在意,就像是被囚禁很久的罪犯急于交纳赎金似的。强盗金盆洗手,封建领主停止了压迫,下层人民也不再怨声载道。所有人的心中只有一个念头:为上帝而战。其他想法已无立足之地。

在1096年的春夏两季，欧洲的每条路上都挤满了十字军战士。他们浩浩荡荡地向东进发，渴望到达耶路撒冷。然而，在如此庞大的队伍中，知道耶路撒冷到底在哪里的人却少之又少。有人猜测这个神圣的城市很远，在五万英里（八万千米）以外；有人觉得很近，只要走一个月就会到达。每看到一个城镇或城堡，就有孩子欢呼雀跃："是耶路撒冷吗？到了吧！"一伙一伙的骑士和贵族也在向东行进，边走边猎鸟，以便消除旅途的单调与疲劳。大家认为，只要到达巴勒斯坦就可以解脱所有的罪恶，于是成千上万的人变得肆无忌惮。妓女们在脖子上挂着十字架，毫无廉耻地向朝圣者兜售自己的肉体，淫乱瞬间流行开来。

第二节　初次东征

据说，东征的人加在一起足有30万，其中大部分都愿意听从隐士彼得的指挥；那些不听从彼得的人大都汇聚在一个探险家的麾下，人们称呼这个探险家为"不名一文的瓦尔特"；还有一小部分从德国出发的人围绕在一个名叫哥茨乔克的教士周围。

这帮乌合之众毫无纪律，胡作非为，像瘟疫一样掠过一个又一个国家，每到一个地方都带来恐慌和死亡。1096年早春，在"不名一文的瓦尔特"的率领下，第一队人马出发了。这群人是一帮流氓无产者，就像他们领袖的名字一样，个个不名一文，都希望能在朝圣途中混口饭吃。他们如同汹涌的潮水漫过德国，进入匈牙利。刚开始的时候，匈牙利人还友好地接待了他们。可是匈牙利人没有想到，十字军战士想过的是奢侈的生活，对匈牙利人提供的饮食很不满意，于是他们四处抢劫，闹得民不聊生，当地民众稍有抵抗就会遭到他们的屠杀。匈牙利人愤怒至极，决心与他们战斗到底，结果，十字军被打得溃不成军，到了连饭都吃不饱的地步，只好逃跑。瓦尔特率军开进保加利亚时，也遇到了抵抗。所有城镇和乡村都拒绝让他们通过，更不提供饮食住宿。不但如此，城里市民和乡村农民还联合起来，杀掉了数百名十字军战士。十字军进退两难，在哪里都立不住脚，只好迂回前进。当瓦尔特率领的军队到达君士坦丁堡时，由于一路上的饥饿和杀戮，存活的人数不足出发时的1/3。

彼得率领的军队有很多行李，还带着妇女和儿童。这支队伍比瓦尔特的军队更加残暴，他们来到匈牙利的塞姆林，看到城门上挂着十字军先头部队的战剑和红色十字架，于是疯狂洗劫了这个城市，成千上万的当地人死于十字军的报复心、淫欲和贪婪。匈牙利国王得知这一惨剧，亲率大军前来惩罚这支残暴的军队。十字军在摩拉瓦河背水一战，结果大败，大批十字军士兵命丧于刀剑之下，葬身鱼腹。

在尼萨，保加利亚公爵严阵以待，防止十字军的进攻。根据之前的经验教训，彼得觉得最好避免引发冲突，所以率领士兵在城墙下露宿三夜。公爵也不愿激怒这支凶狠残暴的军队，看到他们有所收敛，就允许民众向他们提供饮食。第四天早上，彼得率领军队和平地离开了。但是，有几个留在队后的德国流浪汉因为心情不愉快，放火烧掉了两三座保加利亚人的房屋和磨坊。尼萨人大怒，冲出来将这几个肇事者乱刀分尸，并追杀大队人马，俘获了队尾的全部妇女、儿童和大部分辎重。十字军战士如同惊弓之鸟，几天之后，彼得才把分散的士兵们重新聚合。最后，这支只剩下两万多残兵败将的队伍沿着彼得原定的路线，继续向君士坦丁堡进发。

到了君士坦丁堡，彼得发现瓦尔特正在等他。国王慷慨地设宴款待这两支远道而来的军队。原本，这些人在路上遭受那么多挫折，理应保持谨慎才对。但是他们控制不住自己凶暴、贪婪的本性，尽管当地人把他们当作朋友，供应饮食，他们还是无法克制自己惹祸冲动。卑贱的士兵们出于恶作剧，放火烧掉了几座公共建筑；还从教堂屋顶上抽下铅条，当作废旧金属拿到城郊卖掉。国王对十字军越来越厌恶，找了个借口，催促十字军赶快前往小亚细亚。彼得和瓦尔特带领着这群令人生厌的家伙离开了君士坦丁堡，穿过博斯普鲁斯海峡，到达土耳其人统治的小亚细亚。

手下的放纵使彼得完全绝望了，他觉得迟早会出事，于是借口办理给养离开了军队，回到君士坦丁堡。忘乎所以的十字军士兵不知身在敌国境内的危险，没有意识到这种时候应该团结一致，反而内部出现了分裂，结果被土耳其人击溃，遭到残杀，几乎没人活下来。

就在这些惨剧发生的同时，在德国又聚集了一队人马，他们的目的地也是耶路撒冷，首领是一个狂热的牧师，名字叫哥茨乔克。像先行者瓦尔特和彼得一样，他们也选择了经过匈牙利的路线。这支队伍约有10万人，他们的命运更加悲惨。他们仗着人多势众，在所到之处随意烧杀抢掠，匈牙利人对此已经忍无可忍。匈牙利国王卡洛曼决定除掉这帮恶人，否则不足以平民愤。十字军士兵为他们所做的坏事付出了代价，哥茨乔克和他的士兵被引诱着放下了武器，在他们手无寸铁时，匈牙利人冲上去挥舞刀剑大加杀戮。最终，这支军队没有到达巴勒斯坦。

另外还有一些从德国和法国出发的队伍，首领不是很有名。这些队伍比前面提到的十字军队伍还要野蛮，他们的疯狂超过了隐士彼得手下最癫狂的疯子。这些队伍规模不一，少的有千余人，多的有5000余人，他们成群结队地各找路径，穿过一个又一个国家，沿路烧杀抢劫，恶行罄竹难书。只要见到犹太人，要么全部杀死，要么残酷地折磨他们。为了找到犹太人，他们让山羊和鹅带路。在这群愚昧的人看来，动物是神圣的，神灵赐予它们灵性，让他们能发现不信上帝的人的踪迹。他们仅在德国就屠杀了1000多名犹太人。他们还想尽办法折磨犹太人，手段非常残忍，以至于大批犹太人宁愿自杀也不愿落入他们的魔掌。

在没有犹太人可杀时，这些恶魔又聚集起来，走上了通往匈牙利的道路。这条路上洒满了30万十字军先行者的血迹，与先行者们同样的命运正在等着他们。据说，他们的尸体堆积成山，无人埋葬，只好扔进河里，第聂伯河都因此堵塞了。

惨痛的教训使疯狂的欧洲人不得不冷静一段时间。后来，欧洲出现了骑士制度，一批有头脑、有计划而且不屈不挠的领导者出现了。在这些人当中，最著名的是葛德弗雷公爵和雷蒙德伯爵，另外还有沃曼杜瓦等四位具有皇室血统的领导人。他们带领自己的军队去往圣城。

这些人吸取了在他们之前的宗教狂热者的经验，一开始就尽量避免重蹈先行者的覆辙。他们不像瓦尔特那样鲁莽，不像彼得那样冲动，也不像哥茨乔克那样凶残。虽然他们也有宗教激情和野蛮的兽性，但是都被世俗观念和骑士精神约束着，所以作风比较温和。他们对一路上所遇到的各国君主都彬彬有礼，却无法控制手下人的粗野。

有个叫阿历克塞的国王为了讨好十字军将士，几乎满足了他们所有的不合理要求，甚至不惜自降身价。无论哪个士兵，只要想见他，他都随时恭候。士兵们大踏步走进皇宫，不着边际地高谈阔论，国王则低声下气地随声附和，没有表现出一丝不耐烦。士兵们出言不逊，让国王的大臣们非常愤怒，有时会上前维护国王的尊严，却遭到国王的斥责。阿历克塞知道，他必须忍受这一切，否则这些士兵就会变成一群恶魔。他平静地面对那些粗野的士兵，对他们所说的一切都洗耳恭听，经常一听就是一整天。他每天凌晨就上朝，一直到满天星斗，连上厕所的时间都很难抽出来。由于缺少休息，他会抓紧每一个短暂的空隙在王座上以手托头的姿势打盹。就这样，阿历克塞避免了与十字军的冲突，而且与他们建立了比较融洽的关系。

但是像阿历克塞这样的国王毕竟是少数。十字军在亚洲打了几场硬仗，损失大半。1097年10月18日，他们开始围攻安条克城。这座城市的防御非常坚固，易守难攻，而且驻军的储备很充足。围城的基督徒给养也很充足，但是却不被他们所珍惜。他们只吃动物最鲜美的部分，把大部分肉都丢掉，铺张浪费到了疯狂的程度。不到10天，他们就受到饥饿的威胁。随着情况的不断恶化，甚至发生了人吃人的惨剧。此外，瘟疫的爆发使十字军人数锐减，每天都有上千人死去，连埋葬死者都成了大问题。雪上加霜的是，军中潜伏了许多土耳其人的间谍，所以守城者对十字军的一言一行都了如指掌。由于前路渺茫，十字军变得愈加残暴，他们捉住了两名间谍，在安条克城下把他们活活烤熟，令人作呕的味道飘出几百米。但即使是这样，也无法减少间谍的人数。

在这绝望的时刻，欧洲派来了援军，还带来了充足的补给。十字军士兵精神大振，在一个夜黑风高的晚上攻开了城门。当晚，安条克城的恐怖气氛令人无法想象。十字军士兵们由于久攻不下，心中充满了报复的情绪，城中居民，无论男人、女人还是儿童，一律格杀勿论。他们见人就杀，由于天太黑，常常发生误伤。天将拂晓时，有些十字军士兵发现手中的剑插在战友的胸膛上。天亮后，屠杀停止，十字军士兵开始抢劫，搜罗了大量金银珠宝、丝绸和天鹅绒。

这个时候，波斯的苏丹带着一支大军包围了安条克城，基督徒又成了被围之人。士兵们心灰意冷，吃掉了所有的战马。狗、猫和老鼠的价格飞涨，连臭虫、跳蚤也成了美味，被抓得一干二净。瘟疫开始流行，没过多长时间，攻城时的30万人只剩下6万了。

士兵们无心战斗，很多人躺在房子里拒绝出来，不管怎样的惩罚或利诱都不起作用。为了让他们出来，雷蒙德甚至放火烧屋，但是仍没有奏效。许多人葬身火海，其他人则袖手旁观。

雷蒙德并不懂得十字军的真正性格，所以无从下手。这时候，一位明智的牧师出现了，他向雷蒙德提出了一个计划，重树了十字军的信心，让他们重拾勇气，这些羸弱的基督徒行动起来了，击败了人数多于他们六倍的、精力充沛的波斯人。

这位名叫彼得·巴塞莱梅的牧师向雷蒙德讲述了一个离奇的故事。几星期前，十字军还在攻城之时，他一个人在帐篷里歇息。忽然，大地开始剧烈震动，他非常害怕，喊道："上帝救我！"这时，他面前出现了两个头带光环的神灵。其中一个看起来年纪大一点，头发是红色的，眼睛灰黑闪亮，颔下飘着灰色的胡须；另外一位比较年轻，身材高大，英俊潇洒，神色凛然。那位长者说自己是上帝身边的福音使者圣安德鲁，他希望雷蒙德伯爵和随军主教能够劝诫众生，给众生戴上十字架。这位长者给了牧师一根长矛，说它是当年拯救世界的长矛。牧师眼含热泪，恳求亲手将长矛交给雷蒙德伯爵。使者没有答应，把长矛埋进了土里，然后说，等到安条克城逃脱异教徒的魔掌之后，十字军才可以挑选12个人来此地挖出长矛。说完，两位天神就化为一阵清风消失了。牧师说，当时他没有说出这个故事，是因为担心伯爵不会相信。

  雷蒙德伯爵回忆了一下这个故事，觉得有足够的理由相信，至少可以假装相信。他说服了随军的主教，然后挑选了12个虔诚的人，其中包括雷蒙德伯爵自己和牧师彼得，一起去寻找那支神圣的长矛。他们从日出就开始挖掘，直到日落西山还是一无所获。正担心无功而返时，彼得跳到一个坑里，念念有词地向上帝祈祷，祈求上帝把长矛显现在世人面前，以增强人们的力量，夺得最后的胜利。刚刚祈祷完毕，彼得和雷蒙德就看到了土中的长矛尖，两人将长矛拉出，顿时热泪长流。这一切都被聚集在周围的群众看在眼里，这一幕感人至深。事实上，这一切都是事先安排好的。这支藏在地下的长矛被当作了圣物，用一块紫红色的布包好，在十字军战士中间传看。

  十字军的士气一下子就恢复了，每个士兵都摩拳擦掌、跃跃欲试。虽然饥肠辘辘，但他们浑身都充满了力量，急着上阵抗击敌军。

  1098年6月28日清晨，安条克城内升起一面黑旗，向围城的军队宣布，他们准备突围了。围城的将领们知道，敌人由于饥荒和疾病，有效兵力已经所剩无几，骑兵不超过200名，步兵更是不堪一击。他们也听说了圣矛的故事，对此不屑一顾。据说，当城堡上空飘起黑旗的时候，围城的统帅克保迦正在下棋，他坚持要下完那盘棋再去理会敌人的进攻。他的2000名先遣骑兵很快被击败，这时他才明白对手并非不堪一击。

在惨烈的战斗之后，波斯人大败，留下了七万具尸体。十字军战士占据了敌人富丽堂皇的营地，瓜分了成群的牛羊和成堆的金银珠宝。

随后，十字军士兵出发前往耶路撒冷。在路上，他们遇上了来自伯利恒的基督徒代表团。伯利恒，救世主的出生地！一想到他们正在接近这样一个神圣的地方，全军将士都异常激动。当晚，所有人都没有一丝睡意，连夜行军。

在黑夜中，浑身是劲的士兵们安安静静地走了四个小时。太阳升起来了，远处的耶路撒冷城在阳光中熠熠生辉。十字军战士天性中的柔情和虔诚爆发出来，他们双膝跪地，热泪盈眶，有人俯身亲吻这片神圣的土地，有人四肢摊开躺在大地上，以便最大限度地吸取圣地的灵气。随军的妇女和儿童也和军人一样，祷告、哭泣、欢笑，悲辛交集。

情绪平息之后，大军包围了耶路撒冷。战斗激烈，死伤无数。围城军队的每个人心中都充满激情，即使是妇女、小孩也冒着枪林弹雨跑来跑去，为干渴的士兵端茶送水。大家坚信，神灵们在保佑着他们。雷蒙德最先搭云梯进入城内，很快，骑士们从四面八方蜂拥而入。基督徒们疯狂地烧杀屠戮，无论男女老幼通通杀死。十字军的领导者们也没有下令禁止暴行，他们心里清楚，即使下令也形同空文。当地居民大批大批地逃进索里曼清真寺，可还没来得及建筑防御工事，十字军就赶到了。仅仅在这一座建筑物里，就有一万名土耳其人被杀。

战事平息之后，从耶路撒冷城的角落里跑出来很多基督徒，迎接把自己从苦海中解救出来的军队。隐士彼得也在其中，他在被人淡忘了许久之后又重新被人关注。十字军将士们一下子就认出彼得，多年以前，正是彼得向他们历数了耶路撒冷的基督徒所受到的侮辱，正是彼得引领欧洲人东征。十字军将士们跪在彼得的长袍边，发誓要在上帝面前为彼得祈祷。许多人抱住彼得放声大哭，泪水打湿了彼得的肩头。

就这样，让无数人背井离乡的东征告一段落，十字军的伟大目标终于实现了，公众的热情达到了高潮。

第三节　第二次东征

攻占耶路撒冷城后，十字军一直处于土耳其人的包围之中。双方不断发生摩擦和战争，十字军苦不堪言，日益衰败。公元1145年前后，土耳其军队在首领诺海丹的领导下攻陷了十字军占领的一个城堡，将城中所有设施夷为平地，并大开杀戒。由于通往耶路撒冷城的门户已被打开，基督徒们惊恐万分。当时的十字军已经不能进行有效的抵抗，圣城的牧师们便反复给欧洲的教皇和君主们写信，迫切要求组织一支新的十字军，前来解救圣城之围。此时，又一个像彼得一样具有号召力的人物出现了，他就是贝尔纳。与彼得相比，他更加理智，如果说彼得集结起来的是一群乌合之众，那么他则组织了一支纪律严明的军队。

他劝说法国国王路易七世支持自己的行动。这位国王是个既专横又迷信的人，他曾经主使过一场臭名昭著的大屠杀，后来又为此而深感良心不安。所以，当贝尔纳劝说他出兵解救圣城时，路易七世立即同意，希望以此求得上帝的原谅。他发动了贵族阶层，在短短几个星期内就组建了一支20多万人的军队。出发前，他们举行了庄严盛大的仪式，在一座万众瞩目的高台上，贝尔纳将一个十字架递到路易七世手里，授权他统领全军。几名贵族、三位主教以及皇后伊利阿诺也出席了典礼，并亲自报名参加圣战。贝尔纳将自己红色的长袍剪成许多小小的十字架，让出征者缝在肩上。

队伍出发后，贝尔纳继续留在国内，到处号召人们参加东征。人们认为他口中说出的都是神的预言，甚至许多妇女也被他打动了，她们抛夫弃子，女扮男装地加入了队伍。贝尔纳又来到德国，所到之处受到了崇拜者的热烈欢迎。德国人虽然听不懂他说的话，但是仍然兴奋地聚拢在他的周围，成千上万的人群聚集在一起，只为一睹他的风采。各种子虚乌有的故事传播开来，这些故事描述了贝尔纳带来的奇迹。据说，在他目光所及的范围内，魔鬼是无法生存的；无论什么样的疑难杂症，他只要轻轻一碰就可以治愈。德国皇帝康拉德也被国民的热情感染，他宣布，他要亲自为解放圣地而战。

不到三个月，康拉德就聚集了一支将近20万人的军队。此外还有大量追随丈夫和情人的妇女，她们也被编成了分队，其中一支女队像男人一样身穿盔甲，骑着战马，首领还穿着带有金色马刺的半筒靴。人们称这支女队为"金脚女士"。

经过无休无止的征战，法德联军损失大半。至此，十字军的宗教热诚已完全消退，连最狂热的士兵也厌倦了战争。康拉德也一样，当初他是那么踌躇满志，现在也心灰意冷了，带着一帮残兵败将返回了欧洲。路易七世不好意思承认失败，于是装模作样地逗留了几天，最后灰溜溜地回到法兰西。第二次东征就此结束。这次东征是一连串失败的历史，基督徒们除了羞辱什么也没有得到，而耶路撒冷王国也因为十字军的东征而衰败。这次征战使所有人都感到灰心丧气。

这个结局与贝尔纳的预言相去甚远。像那些失败的预言家们一样，贝尔纳变得名誉扫地。所有人都对他指指点点，无论在哪个国家，他都成了过街老鼠。

从第一次东征开始的狂热完全熄灭了，欧洲各国民众再也不想参加任何形式的战争。但是，在战争中兴起的骑士风度逐渐流行起来，当普通百姓不愿参加东征时，骑士阶层仍然热衷于解救圣地的战争。激起了第三次东征的，是诗歌，而不是宗教。

第四节　第三次东征

第三次东征是由骑士发起的。他们被各国吟游诗人的吟唱所感动，特别是那些关于战争和爱情的歌谣，他们也梦想着参加圣战，希望通过自己在战争中的卓越表现来赢得心上人的青睐。可以说，第三次东征是个非常浪漫的征程。那时，男人们打仗并不是为了保护圣墓，也不是为了在东方保留一个基督教王国，而是想为自己赢得荣誉。他们没有宗教狂热，不是想得到殉教的美名，而是为了博取美人的欢心。

在东方，经过一连串的较量，穆斯林又一次把旗帜插在了耶路撒冷的城头。不久，安条克、特里波利和其他城市也相继被穆斯林夺回。这些消息传到欧洲，忧伤笼罩了教士阶层的心。教皇乌尔班三世听到噩耗后非常伤心，从此再也没有露出笑容，直到去世。他的继任者格列高历八世号召所有的基督徒行动起来，拿起武器光复圣墓。

英国国王亨利二世和法国国王菲力普·奥古斯都全力支持十字军东征，各自召集了一队精悍的骑士和武士，发誓要前往耶路撒冷。他们决定，所有不参加圣战的基督教徒必须交纳什一税，即必须把1/10的家产作为税款交给国家。而那些参加十字军的人则享受很多优惠：无论曾经犯过何等罪过，不管是欠债、抢劫还是谋杀，都可以一笔勾销。

就这样，两位国王集合了一支大军。他们风尘仆仆地赶到东方，经过与土耳其人的反复斗争，以及联军内部的无谓争斗，所有人都精疲力竭，谁都没有占到便宜。最后，交战双方商定停战三年零八个月，在此期间，基督徒朝圣者可以自由出入耶路撒冷，不用缴税。就这样，第三次东征结束。这一次没有像前两次那样血流成河，但也好像什么事情都没做。

第五节　无谓的争斗

第四次东征的规模比第三次还要小，东征军长途跋涉到了目的地之后，却没有受到当地基督徒的欢迎。原本，他们生活得很安宁，十字军的到来激发了他们的宗教仇恨，使他们的日子变得动荡不安，所以他们痛恨这支军队，觉得他们是爱管闲事的冒失鬼。这次东征的后果比较严重，90%的将士命丧异乡。

第五次东征在军事上获得了胜利。公元1204年春，十字军攻占了君士坦丁堡，掠夺了不计其数的财富。据说，仅钱币的数量就足够给每个骑士分20个银马克，给每个仆人10个、每个弓箭手5个，另外还有价值连城的奇珍异宝、美丽的天鹅绒、东方丝绸、豪华的服饰、稀有的美酒和果品。这些进入君士坦丁堡的士兵大肆屠杀当地居民，连小孩也不放过。而且，他们并不珍惜千百年流传、积累下来的艺术品。许多价值连城的青铜塑像被砸成碎块，被当作旧金属卖掉；那些美轮美奂的大理石雕像本应受到细心的保护，却被砸成了粉末。大屠杀和大破坏结束后，十字军选举出这座城市的新国王，这是第五次东征的最大成果。

教皇英诺森三世对这次东征很满意，又开始鼓动新的东征。一些热衷冒险、无所事事的贵族带着他们的仆人报了名。为了保证东征军的人数，在僧侣们的诱惑下，许多儿童参加了东征，人数多达三万。这些儿童多是大城市里的弃儿，他们是在丑恶而艰难的环境中成长起来的，什么都敢干。事实上，他们中的一部分被辗转偷运到了非洲，成为奴隶。

因为种种原因，十字军转而向埃及的达米埃塔城进发，围攻了三个月。城内饥荒严重，老鼠肉也成了奢侈品，价格非常昂贵；一条死去的狗比和平时期的活牛还要值钱。最后，十字军占领了这个城市。进城之后才发现，城里原有的七万居民只剩下了3000人。十字军在达米埃塔城待了几个月，整日放纵，生活淫逸。许多正直的人失望了,对十字军的骄奢淫逸和明争暗斗深恶痛绝,退出了十字军,大批的人开始返回欧洲。第六次东征就这样结束了。

之后,又有第七次、第八次东征,最终,基督教徒再次占领了耶路撒冷。

占领圣城之后,基督教世界再也没有借口向东方派遣军队了,圣战已经走到尽头。但是,天有不测风云,一场无法预见的灾难降临了,又一次激起了十字军的热情和愤怒。

当时,成吉思汗和他的继承者席卷了整个亚洲,一个又一个王国被他们征服。在被征服的国家之中,有一个叫克拉斯敏的王国,他们在亚洲南部寻找安身之地的过程中,到处烧杀抢掠。他们对肥沃的尼罗河谷垂涎三尺,便将矛头对准了埃及。埃及的苏丹不能阻挡这群野蛮人,就邀请他们到巴勒斯坦安家。这群野蛮人进入巴勒斯坦后,烧毁房屋,屠杀百姓,对所有的生命和财产都毫不留情,他们所造成的恐怖在战争史上闻所未闻。妇女、儿童和牧师被屠杀在祭坛之上,所有体现基督教信仰的遗迹都被毁坏。

骑士们不再明争暗斗了,而是联合起来并肩抵抗外敌。但他们抵挡不住凶悍的克拉斯敏人,最后大部分骑士遭到屠杀,只幸存了52名。克拉斯敏人成了巴勒斯坦的主人。

叙利亚人对这个凶残的部族十分厌恶,他们更愿意基督徒做自己的邻居。埃及的苏丹也很后悔自己当初把巴勒斯坦让给如此野蛮的敌人,于是联合艾米萨和大马士革的苏丹,努力把敌人赶出这块土地。克拉斯敏人总数只有两万,敌不住三方联合的大军,在苦苦坚持了五年之后,终于全军覆没,巴勒斯坦又一次成了穆斯林人的领地。

在此之前不久,法国国王路易九世做了个梦,梦见基督教徒与穆斯林人在耶路撒冷城前战斗,基督徒战败后惨遭屠杀。当巴勒斯坦遭受噩运和大屠杀的消息传到欧洲时,路易九世记起了自己的梦,他坚信这是上天的暗示,于是决心高举十字架东征,以解救圣墓。

但是，无论是法国还是英国的民众都对东征缺乏热情。当时，即使对于一个骑士来说，不参加十字军也不是什么羞耻的事。路易九世足足召集了三年，才召集起一支军队。队伍出发之后不久，一场传染病发生了，死了好几百人。第二年春天，全部人马乘船前往埃及，遇到了一场风暴，船队被吹散了。当他们赶到达米埃塔城下时，只剩下几千人。尽管这样，他们依然充满激情，气势逼人。埃及苏丹率领一支数量上占绝对优势的大军在岸上严阵以待，但远征军还是决心强行登陆。路易九世身先士卒，从船上跳下，第一个冲向海滩。国王无畏的气概激励了所有将士，高呼着"上帝与我们同在"，勇敢地冲向敌阵。

土耳其人感到一阵恐慌。恰恰在这个时候，一个错误的报告传来了，报告说他们的苏丹已经被杀了。顿时，整个军队乱了阵脚，达米埃塔城不攻自破。当天夜里，胜利的东征军在城里设立了他们的总部。路易九世此时不仅有望征服巴勒斯坦，似乎连埃及也随时可以征服。

过度自信给军队带来了致命伤。大家开始放纵自己，腐败淫乱的生活带来了疾病，又由于气候炎热和水土不服而疾病加剧。当路易九世带领军队前往开罗时，这支军队已不是当初能打胜仗的军队了。东征军遭到了敌方的频频攻击，被打得落花流水，路易九世成了孤家寡人，只有一名骑士追随着他，并将他带到一个小村庄，在一座简陋的小屋安身。身患重病的路易在那里躺了几天，等待死亡的降临。最后，敌人发现并俘虏了他。由于路易身份高贵又身处绝境，敌人对他十分优待，在他们的照料下，路易的健康状况很快好转。

双方签署了条约，大致内容是：基督徒必须归还达米埃塔城，双方停战10年；十字军为了换回路易和其他俘虏，必须交付一万个金币作为赎金。

公元1264年，10年的停战协议到期。路易九世又开始准备第二次远征。他之所以这么做，一方面是出于宗教狂热，另一方面是想借此显示他的实力，雪洗上一次东征的耻辱。1270年春天，路易带领一支六万人的大军扬帆起航。他们先是到了突尼斯，突尼斯国王召集了所有力量阻止他们上岸。最终法国士兵取得了胜利，但是一场瘟疫迅速在军中蔓延，兵力大减。几天后，路易九世死去了，享年56岁。

在英国，只有少数人参加了东征。爱德华王子召集了1500人，赶到巴勒斯坦，但还没正式开战，十字军就与穆斯林签订了和平条约。当时的埃及苏丹刚刚通过政变得到王位，正与周边国家激战，所以主动向十字军求和；而当时的爱德华王子也急着回国，因为他的父亲刚刚驾崩，需要他回去接受王位。双方缔结了和平条约：穆斯林必须保护基督徒在巴勒斯坦的财产，双方保持10年的和平。就这样，最后一次东征结束。

此后，欧洲教士们努力想重新激起公众的热情，鼓动欧洲各国为解放圣地而战，但是没有人响应。公众的宗教狂热已经走到了尽头，虽然偶尔有一两个骑士宣布要拿起武器东征，偶尔有一两位国王言不由衷地赞同东征，但这个话题总是刚提起就被搁置，间隔的时间越长，热情的火苗越微弱。

所有这些战争到底有什么意义呢？一群吵吵嚷嚷的骑士断断续续地占领了巴勒斯坦大约100年，欧洲为此耗费了无数的财富和200多万人的生命。为了这点所谓的权力却付出这么高的代价，实在是不值得。不过，虽然十字军做了许多蠢事，但也不能说其一无是处。由于接触了更先进的亚洲文明，欧洲封建主们变得更加理智了，民众也获得了一些权利。更重要的是，痛苦的经历使人们摆脱了愚昧，从罗马教廷的长期禁锢中醒悟过来，开始孕育宗教改革的种子。神圣的自然规律总是这样，它使人们从坏事中得到教训。

第十一章　女巫奇冤

法庭的听众：绞死她！抽打她！杀掉她！
法官：正义何在？快制止这场暴力！
索耶大妈：你们这群恶棍，为什么折磨我？
法官：告密者，你为什么带头作弄老大妈？
告密者：她不是人！她是来自阴间的母猫，一个女巫！为了证明她的身份，我们给她的茅草屋放了把火。她不但不逃，反而往屋子里冲，就像魔王用火药把她轰了进去。

——福德《艾德蒙顿的女巫》

第一节　寻找女巫

在人们心中，常常存在着灵魂不死的信念，直至今天仍是如此。在早期人类知识贫乏的年代，这一信念滋生了一系列迷信，这些迷信又引发了许多血腥、恐怖的事件。在两个半世纪的时间内，欧洲一直笼罩着这样一种思想：离开躯壳的灵魂不仅能重新返回，而且能够带回邪魔，给他们的同胞带来灾祸。当时，恐慌情绪笼罩着欧洲各国，所有人都失去了对自身和对财产的安全感，都认为自己无法摆脱魔王和鬼怪的控制，任何天灾人祸都被看成是女巫造成的。比如，一场暴风骤雨吹塌了牛棚，牲畜死于瘟疫，亲人失去生命，这一切不被看作是上帝的惩罚，却被看作是附近某个丑陋的老太婆的魔法造成的。愚昧的人们把面貌丑陋的老太婆当作女巫，认定她们是一切不幸的罪魁祸首。"女巫"一词挂在了每个人的嘴边，在街头巷尾广为流传。法国、意大利、德国、英格兰、苏格兰等，各国各地相继把这一词语说得家喻户晓，近乎狂热。连续许多年内，各国法庭上审讯的案子大都和巫术有关，其他类型的犯罪几乎销声匿迹。数以万计的人成为这种荒唐的巫术狂想症的牺牲品，在德国的许多城市中，因为这种莫须有的罪名而被处死的人每年都超过600人。

这一切源于人们对《圣经》中的一条摩西戒律的误解，它说："你们要根除女巫。"许多本来神志清醒的人被这句话引入歧途。事实上，摩西戒律所说的女巫是指女投毒者、女占卜师或使用符咒的女性。但是现代意义上的女巫却有着截然不同的含义。据说，她们除了拥有预测未来的能力外，还能给人的身体、生命和财产带来灾祸。这种能力通过与魔王本人达成一个协议，并在上面用血签名而获得。根据协议，女巫、男巫都要拒绝宗教洗礼，而且把自己的灵魂出卖给魔王。

人们普遍认为，魔王是一个身躯庞大、畸形而多毛的幽灵，长着犄角，有一条尾巴、两只偶蹄和一对龙的翅膀。僧侣们把这种形象的魔王频繁地搬上舞台，魔王成了戏剧中的重要角色，它总是遭到圣人的痛打，凄厉地号叫着，一瘸一拐地走开，然后又被一名力大无比的隐士拦住，遭到重击致残。观众很喜欢看这个，能从中得到极大的乐趣。

据说，魔王总喜欢费尽心机来到人间捣乱，用隐形的尾巴把人绊倒；魔王喜欢朝人们吐唾沫，人的肉眼看不见，魔王吐着唾沫自得其乐；魔王还喜欢到最高档的酒店消费，付给店家的金子第二天就会变成石块；有时候，魔王会扮成巨大的鸭子，藏身于芦苇丛，突然嘎嘎大叫吓唬从芦苇丛旁边经过的人……更多的时候，魔王会制造灾难，荼毒生灵，用各种各样的诡计迫害可怜的人类。人们对这类说法常常信以为真。

那个时代，人们认为地球充满了成千上万的男女邪魔，这些邪魔的身体是由空气构成的，可以轻易地穿过坚硬的东西。人们相信，很多不幸的人一吸气就会把邪魔吸入身体，带来病痛或噩梦。邪魔如此猖獗，猎巫行动十分紧迫。马修·霍普金斯在猎巫行动中十分著名，他得到了"猎巫将军"的头衔。为了搜查女巫，他走遍诺福克、艾塞克斯、汉汀顿和索塞克斯等地，一年内抓住了60个可怜的人，把她们绑在火刑柱上。他通常使用的验证女巫身份的方法是投水，英国国王詹姆士对这种方法推崇备至，甚至在他的《论对魔鬼的信仰》一文中予以讨论。投水时，嫌疑人的手脚被交叉捆绑，右手的大拇指和左脚的脚趾绑在一起，左手和右脚也一样被绑着。绑紧之后，用一张大床单或毯子把这个人裹起来，仰面放到池塘里或河面上。如果沉下去淹死，她们就是无辜的；如果漂浮在水面上，她们就被认定为女巫，会被捞上来烧死。需要说明的是，如果把裹好的人轻轻地放在水面上,一般是漂浮不沉的。另一种验证女巫身份的办法是让她们复述主祷文和上帝的教义。猎巫者认为,没有一个女巫能准确无误地复述出这些教义,无论她们漏掉一个字还是语气不连贯,都说明她们有问题。事实上,在当时的可怕气氛下,嫌疑者漏字和语气不连贯是极有可能的。还有一种观点认为,女巫流泪不会超过三次,而且眼泪只从左眼流出。许多被指认为女巫的人由于相信自己的清白,所以面对酷刑常常表现得十分勇敢和坚强。这种毫不屈服的气势却成为证据,被那些惨无人道的施刑者们解释为女巫的顽强。有些地方验证的方法是衡量嫌疑人的体重,然后与《圣经》的重量相比较,如果比《圣经》重就可能无罪释放。这种方法似乎过于人道了,霍普金斯这类职业猎巫者很少采用,他们认为最合适的方法是投水。

霍普金斯经常像一个重要人物一样,在两名助手的陪同下,往来于各个城市,并且总是住在当地最好的旅馆里,而且一贯花费公款。无论到哪座城镇,他都先收费20先令,用来支付他的食宿费和旅费,即使没有找到女巫钱也照收不误;如果找到了女巫,他会再多收20先令。据说,"猎巫将军"经常把嫌疑女巫带到一间屋子里面,让她双腿交叉地坐在屋子中央的一条凳子或是一张桌子上,或者摆成其他某种很不舒服的姿势。如果女巫拒绝这种姿势,就把她紧紧地捆绑起来,然后派人24小时监视,不许她进食或饮水。人们相信,在这段时间里,会有鬼娃娃变成黄蜂、飞蛾、苍蝇或其他昆虫的样子来找她,并吸她的血和邪恶力量。于是监视人员会在门或窗户上开一个洞,以便放鬼娃娃进来。监视人员高度警惕,严密监视,屋子里只要一出现昆虫就立即打死;如果有任何苍蝇之类的昆虫比较灵敏,没有被打死反而逃跑了,那么嫌疑女巫就被判有罪,苍蝇之类的昆虫就是她的鬼娃娃,她必须被烧死。这样,20先令就进了霍普金斯的口袋。用这种方法,他迫使一位老妇招供说,她受到四个鬼娃娃的侍奉,名字分别是"黑马""派伊""王冠上的啄痕""格里泽尔"。她之所以这样招供,是因为她被捆绑的屋子里出现了四只善飞的苍蝇。

令人感到欣慰的是，这个骗子最终自食其果，结束了他丑恶的一生。他在一个小村庄里遭到了村民的围攻，群众指控他本人就是一个男巫，说他通过巫术在魔王那里得到了一份名单，里面记录了英格兰所有女巫的名字。他之所以能够查出女巫，并非因为得到了上帝的帮助，而是得到了大魔王撒旦的帮助。霍普金斯奋力辩解，但毫无用处。群众渴望用他常用的验身方法对其进行检验，于是迅速地扒光了他的衣服，把他的大拇指和脚趾交叉着绑在一起，用毯子裹住全身，扔进池塘里。

在苏格兰，也有专门搜查女巫的人，他们像霍普金斯一样，查出一个女巫就能得到一份报酬。1646年，有一名叫珍尼特·彼斯顿的嫌疑女巫受到审判，地方官员请来一个叫金凯德的人检验她是不是女巫。金凯德在她身上找到了两处魔王留下的记号，因为当足有三英寸长的大头针刺进这两个地方时，她竟然没有感觉到疼，而且当大头针拔出时也没有血流出来。问她针刺在哪里时，她手指的地方离实际位置很远。

苏格兰有一位妇女，在几乎没有什么证据的情况下就被判处了死刑。一位猎巫人发誓说，当他经过她的门前时，听见她正在和魔王对话。这位妇女辩解说，她并没有跟谁对话，因为她有自言自语的坏习惯。她的几位邻居也都为她作证。但是法庭采纳了猎巫人的证据，因为猎巫人坚持说，如果不是女巫是绝不会自言自语的。后来，他又在她身上找到了"魔鬼的记号"，她的罪行更是板上钉钉了。

1664年，两位老妇人因为面貌丑陋而被判定为女巫。她们到店里买鱼，店主觉得她们像女巫，所以不卖给她们，她们十分愤慨，大骂鱼店店主。不久，店主的小女儿患了癫痫症，有人惊呼，小孩一定是中了那两位买鱼遭到拒绝的老太婆的魔法。为了验证，他们把小姑娘的眼睛用围巾蒙住，然后命令两位"女巫"来触摸她，结果小女孩的癫痫病立即发作。根据这一证据，两名老妇人被投入监牢。后来有一个不相干的人碰了小女孩一下，小女孩以为又是女巫在碰她，就倒在地上，癫痫病剧烈发作。然而这个对被告有利的证据却没有被法庭采用，法官们还是绞死了那两名老妇人。

1711年有一宗有关巫术的案子，证词也像以往所有的案子一样荒谬可笑、漏洞百出，开明的法官尽了一切努力，但最后还是不得不作出有罪判决。被告是个名叫沃克恩的老太太，原告是两个长期生病的年轻女子，她们宣称受到了老太太的巫术迫害，说每当沃克恩巫婆到来时，她们的病情总是得到好转。一个证人说，他曾在被告的胳膊上扎了好几针，但没有一滴血流出来；他还看见过她呕吐出别针，那些别针现在他还收藏着，随时可以在法庭上出示。另一个证人说，沃克恩巫婆对一个枕头施了魔法，然后在枕头里藏了几块蛋糕，蛋糕上长满魔鬼的羽毛。他还说，沃克恩向他承认曾对那个枕头施了巫术，她施行巫术已有16个年头了。法官对蛋糕和羽毛很感兴趣，让证人出示蛋糕，但证人说那些蛋糕都被烧掉了。第三个证人说，他好几次听见自己家附近有猫叫，就出去赶走它们，结果所有的猫都朝沃克恩的小屋跑去。他注意到，其中一只猫的脸和沃克恩长得非常相像。另一个证人也说，他经常看见一只长得很像沃克恩的猫。面对这么多证人，被告除了说自己"是个清白的女人"之外，再没有别的话说。陪审团经过很长时间的讨论后认为，被告的确是个女巫，应该处以死刑。学识渊博的法官觉得陪审团的判断没有道理，极不情愿地判处被告死刑。不过，经过他的不懈努力，被告最终得到赦免。

1716年，一位妇女与年仅九岁的女儿被当作女巫吊死。据称，她们向魔鬼出卖灵魂，通过脱长筒袜和抹肥皂泡呼风唤雨。这似乎是英格兰处决女巫的最后一宗案子。在之后的20余年里，虽然民众中仍然不时发出惩治女巫的叫嚣声，并且贫穷女人多次被当成女巫，被弄得半死不活，但大部分人对女巫已经不再谈虎色变。1736年，惩治女巫的刑法终于被删去。

在苏格兰，文明的进程十分缓慢，直到1665年，巫术狂热依旧在升温。1643年，公民大会提议枢密院应设立特别委员会，由开明绅士和法官组成，专门负责审理越来越多的巫婆案。1649年，政府通过一项法案，决定加大对巫婆的惩罚力度。在接下来的10年里，有4000多人因被指认为巫婆而受到严厉制裁。民众非常狂热，积极观察自己所认识的人，希望能够从中揪出巫婆。地方官经常抱怨说，如果他们在某一天烧死了两个巫婆，第二天就会有10个巫婆等着他们去烧。他们从未想过，正是他们的迫害促成了这样的结果。后来，严厉的迫害稍稍减弱。从1662年到1668年间，最高法院只受理了一起此类案件，而且最后被告被无罪释放。随后10多年里，最高法院没有接到一宗与巫术有关的案子，记录档案也没有任何记载。

但是在1697年却有一宗很有名的巫婆案，它比以前的案子还要荒谬。一个11岁的女孩患有癫痫病，她控告那个常与她争执的女佣对她施了巫术。人们相信了这个性格乖僻的女孩的话，鼓励她说出女佣是怎么残害她的。在人们的鼓励下，女孩编造了一个涉及21人的荒诞故事。除了这个孩子荒诞离奇的谎言，以及刑讯逼供得到的供词外，再没有对这21个人不利的证据出现。然而，负责此案的布兰泰尔勋爵及其委员会是一群缺乏同情心的傻瓜，他们根据这些伪造的证据，处死了至少五名妇女，另有一名妇女在监狱里自缢。他们说，那名妇女之所以在监狱里吊死，是因为魔鬼害怕她在最后关头泄露秘密，所以就把她勒死了。此案在苏格兰引起了群众的不满，有人说，好人都被诽谤者诋毁为巫师了。

七年之后，由于一群无赖在女巫问题上的残暴表现，再次引起公众对这一问题的关注。一个患有癫痫病的流浪汉指控两名妇女对他施了巫术，两名妇女被抓进监狱，并屈打成招。其中一个想办法逃了出来，但第二天又被抓到。在押回监狱的途中，一群无赖知道了这件事，想亲手淹死她。他们把她带到海边，在她身上绑上绳子，将绳子的另一端拴到附近的一艘渔船的桅杆上。他们把她投入水中，然后拉上来，然后再投下去。当这名妇女被折腾得半死不活时，这群无赖把她拖上了海滩。一个暴徒专门跑回自己家里把自己家的门卸下来，再背到海滩，压在可怜的女人身上，然后在上面堆上大石头，把人活活压死。在整个过程中，没有一个地方官出来干涉，那些士兵也袖手旁观，幸灾乐祸。这件事情传开之后，民众强烈要求惩处这种玩忽职守的行为，然而法院却置若罔闻。

1718年，大部分地区对巫术的错误观念已被根除，但在一个叫开斯尼斯的偏僻小镇里，仍有人存留有这类愚昧的观念。一个木匠很憎恶猫，但不知怎么回事，猫总喜欢聚在他的后院。木匠感到疑惑：为什么他总受到骚扰，而邻居却没事？他思考再三，得出结论：折磨他的绝不是猫，而是女巫。他的女仆完全同意他的观点，还补充说，她亲耳听见那些猫在一起说人话。后来，这些猫又聚在后院时，这个木匠就抓起一把短剑，腰里插着大刀，冲出去砍杀它们。群猫四散逃命，其中一只猫背部受了伤，一只猫屁股上挨了一刀，还有一只猫腿部受伤，但一只也没被木匠抓到。几天后，这个教区有两个老妇人去世，据说，她们的尸体被抬出来后，人们发现一位背部有伤，另一位臀部有新的疤痕。木匠和女仆很兴奋，认定她们是三只受伤猫中的两只。消息传遍全国，每个人都在努力搜寻那个逃亡的女巫。很快，一个70多岁的老太婆引起了人们的注意，她摔断了腿躺在床上，而且面目可憎，一看就是女巫。大家公认她就是受伤的第三只猫。有人把这个情况告诉了木匠，木匠说，他记得很清楚，他用大刀背砍伤了其中一只猫的腿，猫腿肯定已经断了。人们听完这话后，立即把老太婆从床上拉起来关进监狱。法官和陪审团不相信老太婆的任何辩解，经过刑讯逼供，老太婆承认自己确实是个女巫，腿是那天晚上被木匠砍伤的，另两个刚死不久的老太婆也是女巫。行刑者对这个结果还不满意，最后她又供出了其他20个女巫。第二天，老太婆在监狱里被折磨而死。幸亏一名将军致信当地法官不要深究此案，另20个人才免于处罚。

四年后，这个叫开斯尼斯的小镇又抓到了一名"巫婆"。据说，这名老妇人对邻居的牛和猪施加了魔法，而且在参加巫魔聚会的路上把自己的女儿当驴骑。最后，老妇人被判处死刑，被活活烧死。尽管高级法院命令这类案件要上报处理，但地方法官却根本不理睬。这是苏格兰最后一次处死巫婆。1736年，严刑处罚法规被废除，对所谓巫婆的刑罚改为鞭笞、枷刑或关禁。

第二节　欧洲大陆的女巫

在欧洲大陆，巫术迷信也带来了耸人听闻的大灾难，特别是在16世纪末和17世纪初，涉及人数之多简直令人难以相信。欧洲大陆简直变成了一座疯人院，女巫和魔鬼似乎到处都是，丑态百出。整个社会被分成两大阵营，一部分是施巫术的人，另一部分是中了巫术的人。

在德国，据最保守的估计，这期间被处死的人有3000人以上，法国和瑞典等国的每个城市每年都要烧死几百人。对女巫的审判常常十分草率，如果按照严格的法律程序，百万女巫中也不会有一个被判有罪。这里记录几个审判案例，可以看出当时的狂热程度。

1595年，康斯坦斯附近的一个村庄里举行庆祝活动，一位老年妇女因为没被邀请而感到生气，就自言自语地低声抱怨了几句，没想到被人听到了。两个小时后，天上下起了瓢泼大雨，跳舞的村民被淋成了落汤鸡，田里的庄稼也受到了损毁。有人怀疑这场大雨是那位老太太的巫术造成的，于是把她抓了起来。她被指控是个邪恶的巫婆，是她把葡萄酒倒在一个洞里，用棍搅拌，唤来了那场暴雨。她在开始时不承认，但在酷刑之下，最后她坚持不住了。第二天傍晚她被活活烧死。

几乎在同一时期，有人指控两个女魔术师，说她们半夜时分拖着一个十字架在街上走，不时地停下来往十字架上吐唾沫，还用脚踩它，口中念念有词，用咒语招来恶魔。第二天，天上就下冰雹，毁坏了庄稼。镇上一个鞋匠的女儿也说，她在前一天夜里的确听到了魔术师的咒语。于是这两位女魔术师被捕了，在受尽折磨之后承认自己从事巫术活动，而且可以呼风唤雨。她们还供出几个同伙。两人被绞死后又被押到集市上焚烧示众，被供出的人也落得同样下场。

1599年，德国有两位女巫被处死。她们供出了二三十位巫婆。据说，这些人四处走动，使妇女流产，还引出天国的雷电伤害众生，使处女生出蟾蜍（几个女孩发誓说的确如此）。一名女巫还被迫承认，她曾经杀死一名妇女的七个还未出生的婴儿。

法国有一位猎巫者，他发现的女巫数量多得连他自己也记不清。在他所发现的女巫中，有的女巫随便说句话就能让人跌死；有的可以使孕妇怀胎三年而不是九个月；有的可以通过一定的仪式使敌人的脸颊上下颠倒，或者扭转180度，脸朝背后。虽然总是找不到证据，但女巫们自己往往会承认自己的罪恶，因为她们实在忍受不了酷刑的折磨；承认之后，就可以对她们施以火刑。

在荷兰的阿姆斯特丹，有位发疯的女孩说自己能使牛绝种，还能蛊惑猪和家禽。她被绞死，尸体被烧成灰烬。这件事后不久，又一位妇女被捕。证人说，有一天他从窗户里看到这名妇女坐在火堆前和魔鬼说话，不一会儿，从地板里蹿出12只黑猫，这些黑猫围在女巫身边，用后腿站立着跳舞，跳了大约半个小时。后来，突然出现一种可怕而又奇怪的声音，黑猫消失了，留下一股难闻的气味。这名妇女被绞死了，尸体也被烧成了灰烬。

在德国巴伐利亚的班伯格地区，从1610年到1640年，每年要处死大约100个人。有一位妇女赞美一个小孩，可是不久之后这个小孩生病死了，于是这位妇女被怀疑是女巫，被关进监狱。在严刑拷打之下，她承认魔鬼赋予她魔力，她可以用表面的赞美来施展这种邪恶的魔力，比如她说"他多么结实啊"或"她多么可爱啊"或"多可爱的小孩啊"之类的话，魔鬼就会明白她的意思，会让他们得病。这位可怜的妇人的下场自然是绞死后被焚化。还有很多妇女被指控向触犯她们的人身体里塞东西。据说,她们会往别人的身体里塞木块、钉子、头发、鸡蛋壳、玻璃碴、亚麻或毛料布片、碎石块,甚至还有通红的煤渣和刀子。如果巫婆死了,或者被抓到并招认这些罪行,那么这些东西会通过嘴、鼻子、耳朵或排泄器官排出来,否则就一直留在身体里。这类事情发生后,往往会牵涉很多人,远远不止一人会遭到严刑拷打和被处以死刑。

在德国,许多淘气的小孩在闹着玩时喜欢念念有词,这常常会使他们丢掉性命。在乌尔兹堡,有三个10～15岁的小男孩就因为这个罪名而被活活烧死。还有个小男孩随口说,如果把灵魂卖给魔鬼就能每天都有好饭吃,而且有小马骑的话,他还真想把灵魂卖给魔鬼。这个贪图享受的小家伙马上被抓了起来,绞死后被烧成了灰烬。

有一个比乌尔兹堡更加臭名昭著的地区叫林德海姆,这个地区被处以火刑的女巫数目最多。1633年,这里的人揪出了一个名叫波姆普·安娜的女巫,据说她只要看人一眼就能使这人染病卧床。她与其他三位同伴被一起处以火刑。在这个只有1000人的教区里,每年平均有5个人被处以极刑;从1660年到1664年,被处以火刑的人共有30个。如果整个德国都按照这个比例执行死刑的话,恐怕每个家庭都会失去一位亲人。

1619年,在比利牛斯山下的拉布尔特发生了一起骇人听闻的事件。议会听说拉布尔特和邻近地区到处都是女巫,十分愤慨,就派了两个人去调查,并赋予他们严惩女巫的所有权力。两人到达拉布尔特之后,很快得出了结论:拉布尔特之所以会有如此多的女巫,主要是因为这里山多地少,而且土地贫瘠。他们相信,烟草是"魔鬼之草",所以偏爱吸烟的妇女都是女巫。按照这一标准,他们每天要审讯40名妇女,大部分都被判定为女巫,只有不到5%的人被释放。女巫们供认,她们总是在安息日里与魔鬼聚会狂欢。在狂欢日里,魔鬼通常都是坐在宽大、镀金的王座上,有时也会变成一只小山羊,或者变成一名绅士,身着黑衣,穿着靴子,佩着宝剑。更多的时候,他是一团变幻莫测的东西,在暗夜中飘忽不定。女巫们前来与魔鬼聚会的交通工具通常是烤肉用的叉子，或者叉干草的长柄叉，或者扫帚把。她们在狂欢日里与魔鬼妖怪们纵情淫乐，极尽淫乱与放荡之事。有一次，女巫们竟然把狂欢地选在了波尔多市的中心。魔王的椅子被放在伽利埃内广场的正中间，从各地赶来的男巫、女巫把整个广场都挤满了，有些居然来自遥远的苏格兰。

最后，200名女巫被绞死并焚烧成灰。

1639年，在里尔城发生了一件怪事。有位女士办了一所慈善学校，专收小女孩。一天，当她走进教室时，她产生了一个幻觉：许多黑色的小精灵在孩子们的头顶上飞来飞去。她大吃一惊，立刻把自己的幻觉告诉了学生们，警告她们提防魔鬼。在以后的日子里，这个愚蠢的妇女每天都喋喋不休地讲这件事，以至于全校师生的中心话题就是魔鬼。一天，有个女学生偷偷跑出学校，找回后受到了严厉的批评。这个女孩子撒谎说，她并不是自己跑出去的，是魔鬼把她带出去的。她还进一步承认说，她从七岁起就已经成了女巫。这件事使同学们吓晕了，好几个女孩子主动坦白说自己也是女巫。最后，全校50名学生都受不了巨大的精神压力，在幻觉下都承认自己是女巫，而且还曾参加过女巫的狂欢庆典，跟魔鬼庆祝。她们还说自己可以骑着扫帚把在空中飞行，喜欢吃婴儿的肉，能通过小小的钥匙孔进进出出。里尔城的市民们对这桩事情十分关注。教士们立即展开调查，一小部分人认为这是精神错乱所造成的骗局，但大部分教士相信孩子们的供词并不是空穴来风，这些孩子肯定都是女巫，有必要全部处死，以绝后患。可怜的父母们眼含热泪，祈求挽救自己孩子幼小的生命。父母们坚持说，孩子绝不是女巫，她们是被巫术所害。教士们也觉得这个观点有道理，于是把目光集中在开办学校的女士身上。这名女士再也不敢留在学校里了，急匆匆地逃出了里尔城，否则她会被当作女巫烧死。

正直的人们早就意识到不能根据逼供得来的证词来处决犯罪嫌疑人，许多文章披露了骇人听闻的女巫审讯过程，在德国产生了很大影响。1631年，梅恩兹地区的大主教在他的管辖范围内废除了严刑折磨，很多别的当权者们也纷纷效仿。此后，女巫的人数剧减，猎巫的热潮也开始降温。1654年，布兰登堡的统治者颁布法令，明确禁止使用酷刑，并指责说，对女巫使用投水的办法来检验她们的身份，是极端残酷和不诚实的。

这些命令成了漫漫长夜后的曙光。宗教裁判所不再每年成百上千地处决巫婆。以火刑处决罪犯而著称的乌尔兹堡在1654年仅处死1人，要知道这个地方在之前的40年每年要烧死60人。从1660年到1670年，德国各地政府不断地减免死刑，把重罪减为终身监禁或在脸颊上烙标记。理性逐渐矫正了公众的迷信思维，学者们也从荒唐的宗教狂潮中走出来。无论是政府还是教会，都开始全力扫除以往的毒瘤。1670年，诺曼底议会判处一批妇女死刑，罪名是她们骑着扫帚把参加女巫狂欢晚会，路易十四亲自出面，将判决减轻，改为终身流放。1680年，法国通过一项法案，对巫婆不做惩罚，而只对冒充巫师、预言者的人以及投毒者予以惩处。

第三节　最后的疯狂

17世纪中期以后，巫术已不再被人重视，唯有少数顽固不化的人还在固守这种迷信。理性和文明的曙光似乎照亮了德国、法国、英格兰和苏格兰等欧洲各地，但谁也没想到，这种猎巫疯狂竟然又爆发了两次，其荒谬程度与前一次狂潮相比毫不逊色。第一次发生在1669年的瑞典，第二次发生在1749年的德国，其中，第一次非同寻常，其残暴和荒唐的程度在人类历史中绝无仅有。

有人报告瑞典国王说，德拉卡里亚省有一个叫莫拉的村子，受到了巫婆的严重骚扰。国王派了一个由牧师和教民组成的调查团前往清查这件事,并赋予调查团全权惩罚罪犯。1669年8月12日,调查团到了这个据说中了巫术的村庄,受到了村民们的热烈欢迎。第二天,全村3000名居民到教堂集合。牧师宣布,那些受魔鬼引诱的人将会受到严厉的惩罚,调查团将秉承上帝的责任,除去村民之中的害群之马。

调查团当众宣读了国王的旨意,要求每个知道巫术线索的人检举揭发,以便尽快抓住女巫。所有村民都很激动,甚至有很多人热泪盈眶,他们保证说,只要知道或听说过这类事,将立即报告给调查团。每个人对这件事都表现得非常积极,在这种情况下,调查团允许所有人返回自己家中寻找线索。过了一天,村民们又被召集到一起,调查团接受了几名村民的公开指控,结果有70人被抓进监狱,其中包括15名孩子。因为涉及面太大,邻近村庄也未能幸免,也被抓走了许多人。

在严刑拷问下,被捕者都承认了自己的罪行。他们坦白说,他们经常在离某个集市不远的一个碎石坑里集合,在那里,他们用长袍蒙住头,转着圈跳舞。然后,他们赶到那个集市,呼唤魔鬼三次,第一次用很轻的声音,第二次声音要稍微大点,第三次则大声呼喊。每次他们都说:"先行者快来吧,带我们去布洛秋拉!"这个咒语屡试不爽,魔鬼总是应声出现。他看起来像个瘦小的老头儿,胡须是红色的,一直垂到腰间,身穿灰色外套,穿着红蓝相间的袜子,袜子上有两根特别长的袜带。他还戴着帽子,帽子非常高,上面垂着许多彩色的亚麻布带子。

魔鬼问他们:"你们是否愿意为我献出自己的灵魂和肉体?"他们答应后,魔鬼就让他们做好前往布洛秋拉的准备。他们先是到祭坛上刮下一点碎屑,再从教堂的钟上锉下一些金属粉末。然后,魔鬼递给他们一只装着药膏的牛角,让他们用药膏涂遍全身。这些准备工作完成后,他领来各种动物,有马、驴、山羊和猴子,供他们骑乘,并发给他们每人一个鞍子、一把铁锤和一颗钉子。

第十一章 女巫奇冤   137

最后，魔鬼念动咒语，他们上路了。他们飞过教堂、城墙和高山，一路畅通无阻，落在一片碧绿的草地上，布洛秋拉就坐落在这里。为了能到布洛秋拉，他们必须把所有他们能骗来的小孩都带上，否则魔鬼就会折磨他们，让他们不得安宁。

许多父母为这段供词提供了证据。他们宣称，自己的小孩经常告诉他们，自己曾在夜间被带到布洛秋拉，在那里，他们被魔鬼打得遍体鳞伤。父母们说，他们早上曾看到过孩子们的伤痕，但痕迹很快就消失了。有个小女孩在接受询问时说，她曾被女巫带着在空中飞行，她很害怕，就叫了一声耶稣的圣名，结果立刻摔到地上，左肋摔了一个大洞。魔鬼把她拉起来，补好了她的洞，又带着她飞往布洛秋拉。在法庭上，她的母亲很心疼地证实说，她的女儿直到现在还觉得左肋钻心地疼。这个证据至关重要，让法官们更加坚定了捉拿女巫的决心。

传说中的布洛秋拉建有一所大房子，大房子四周是一眼望不到边的柔软的草地。大房子只有一扇门，房子里面有一张很长很长的桌子，巫婆们分坐两旁。在其他房间里，排列着很多非常精致可爱的床，供巫婆们休息睡觉。在做完一系列烦琐的仪式后，她们坐下举行盛宴。此时魔鬼常坐在一把椅子上，为她们演奏竖琴和小提琴，给宴会助兴。吃饱喝足后，大家开始跳舞，有时赤身裸体，有时穿着衣服。几名妇女还补充了一些非常恐怖和淫秽的细节。

有一次，魔鬼为了试探巫婆们是否真的爱它，假装死去，看她们是不是真的悲伤。她们马上号啕大哭，每人哭出了三滴眼泪。魔鬼高兴极了，立即跳起来，把那些哭得最响的巫婆搂在怀里。

以上情节主要是由孩子们提供的，而且得到了女巫的证实。法庭上的审判非常荒谬，许多被告的说法前后矛盾，证人证词也漏洞百出，但调查团置若罔闻，只是竭尽全力把尽可能多的人判处死刑。在这场大规模的审讯中，一共有70人被判处死刑，其中的23人在莫拉村被执行火刑，引来了几千名欣喜若狂的看客。第二天，又有15名小孩接受了火刑，其余32人被押往邻镇处决。除了处死的人之外，还有56名小孩被认定犯了轻微的巫术罪，被判以轻重不一的刑罚，如严厉批评、监禁和每周当众鞭打一次等。

　　这个案子中有一个插曲。调查团的一位成员头疼，找不出病因，认为自己中了邪，觉得有至少 10 个以上的女巫在自己头上跳舞。一个正在接受审判的女巫承认，魔鬼曾派她用大铁锤把一枚长钉子砸进这位正直的人的头骨里，但是她砸了很久，无论如何都砸不进去，因为此人的头骨出奇地厚。这位"正直的人"听了女巫的交代，立即虔诚地祷告，感谢上帝赐予他如此坚固的头骨。从此以后，这个人就以"头骨厚"而闻名遐迩。

　　这个案子离奇而且严重，很长时间里被当作巫术泛滥的有力证据。这是多么可悲啊！当人们产生某种想法的时候，总是喜欢歪曲事实，甚至以牺牲人命为代价！几个病态的小孩、几个愚蠢的父母编造出的一堆荒唐错乱的谎话，被迷信的人们传播后，竟使一个国家陷入疯狂中。哪怕有一两个人能够勇敢地站出来，用理性冲破迷信，用事实澄清谎言，那么结果该有多么大的不同啊！可怜的孩子们不会被活活烧死，70 个生命将会幸存。

　　就在这个案件发生的同时，新英格兰的殖民者也被类似的鬼怪故事吓得屁滚尿流。每天都有巫师被捕，狱中人满为患。有个泥瓦匠的女儿觉得自己中了一位爱尔兰老太太的巫术，那个老太太马上被逮捕，老眼昏花的她不能毫无差错地背诵主祷词，被宣判死刑并立即执行。

　　公众的激情与日俱增，有关巫术的说法在殖民地中广泛流传。有两个女孩每天都要昏厥几次，昏厥前她们说喉咙被堵住了。喉咙堵塞而有窒息的感觉是歇斯底里病（也叫癔症）的正常症状，此时却被认为是魔鬼引起的。两个女孩发誓说，魔鬼在她们的气管里放了几个小球，想噎死她们。她们觉得浑身都不舒服，每个部位都像针扎一样疼。这件事情引起了人们的极大关注，殖民地中所有体弱多病的妇女都怀疑自己是不是也中了邪。她们越是担惊受怕，越是深信魔鬼附身，精神病传播得越快。一个又一个妇女昏厥过去，醒来后就说看到了女巫们的幽灵。有些妇女说，她们亲眼看到了恶魔撒旦，撒旦拿着一个羊皮纸卷,说如果她们签订一个合约,将灵魂卖给他,他可以立即解除她们精神和肉体上的痛苦。更多的妇女宣称,她们只看到了许多女巫,女巫们也作了类似的承诺,还威胁说,如果她们不愿意成为魔鬼的使徒,那么就将永远遭受痛苦的折磨,死后也难以超脱。这些妄想狂指认了很多无辜的人,共有200余人被投入监狱,19人被处死。这段可悲的历史中最惨无人道的是:在处死的人当中竟然有一名五岁的幼童!一些妇女信誓旦旦地说,这个幼童总是与魔鬼在一起,这是她们亲眼看到的,而且,当她们拒绝与魔鬼签约时,这个幼童就用他细细的牙齿咬她们。在这段可悲的历史中,还有更疯狂的事:一条狗竟然也背上了同样的罪名而被处死!

一名叫高利的男子勇敢地拒绝了对他的指控,但还是遭到处决。他被挤压致死,据说在处决的时候,由于异常痛苦,他把舌头伸了出来。监督行刑的是新英格兰司法长官,竟抓起一根棍子把他的舌头硬生生地塞进嘴里。如果尘世上真有披着人皮的恶魔的话,这个司法长官就是一个。可是这样的人竟然认为自己对上帝最虔诚,认为自己是在为上帝做好事呢。

1680年以后的欧洲大陆,人们在这件事上变得更理性了。虽然很多民众仍然持原来的态度,但是政府已经不再通过处决巫婆来鼓励这种迷信。然而,关于巫术的观念已经在民众的头脑中扎了根,想一夜之间就根除它是不现实的。这种荒谬思想又进行了最后一次挣扎,再次显示出它的可怕力量。德国是当初孕育这种迷信的摇篮,现在又充当了它最后表演的舞台。乌尔兹堡这个曾以"巫术"为名杀死过许多人的地方,似乎注定要成为"巫术"终结的地方。

案子发生在1749年,时间是这么晚,使欧洲其他国家的民众感到十分吃惊和反感。当时,住在乌尔兹堡修道院的几个年轻妇女凭空猜测,认为自己中了巫术,因为她们有时候会感到窒息,就像所有的歇斯底里症患者那样。她们一再失去知觉,据说其中一位还在神经错乱时吞下许多根针,后来这些针从身体各部分长的脓疮中显露出来。她们坚信有人对她们施行了巫术,这个人就是一位名叫玛丽亚的年轻女人。有些证人在法庭上发誓说，她们曾亲眼看到玛丽亚变成一头猪，爬过院墙，到酒窖里偷喝最好的酒。有些证人说，玛丽亚喜欢像猫一样在屋顶徘徊，还经常钻到她们的房间里发出凄厉的叫声，非常恐怖。有些证人说，玛丽亚曾经变成一只兔子，偷偷去挤修道院的牛奶。还有的证人说，玛丽亚以前经常在伦敦的朱丽路戏院演出，每次演出完的当天晚上，她会骑着一个扫帚柄飞回乌尔兹堡。在这些证词面前，玛丽亚被判死罪，押到乌尔兹堡的一个刑场上活活烧死。

在这场可怕的谋杀之后，对巫术的信仰从大部分人的心中消失了，只是偶尔在偏远地区才能找到巫术的立足之地。1760年的英国《年鉴》记载了一个有关巫术迷信的例子。在莱斯特郡的一个叫格兰的小村庄里，两位老妇因为琐事而争吵，吵得越来越厉害，以至于互相指控对方犯有巫术罪。最后双方达成协议：用水淹裁决法来判断到底谁是女巫。其中一位老妇立即沉到水里，另一位则在水面上挣扎了一番。围观者立即认定后者有罪，把她捞上来，要求她供出实施巫术的同案犯。她被迫供认说，在相邻的一个叫伯顿的村子里有几个女巫。人们放过了这个老妇，前往伯顿村搜寻所有的犯罪嫌疑人，并强行把她们绑起来后扔到水里检验。幸运的是，这几位受害者都没有在暴行中丧生。一星期后，倡导这次行动的领头人遭到逮捕，被押到法庭上受审。

在英格兰的黑斯廷斯郊区，直到1830年还有人相信巫术。一个老妇长得十分丑陋，又背驼得很厉害，经常身披红袍，手拄拐杖，所有认识她的村民都一致指控她是个巫婆。老妇似乎也很愿意被人们看作巫婆，因为她既老又穷，只有这种身份才能使强壮而富裕的村民心怀畏惧。村民们的确很畏惧她，宁愿多绕一英里（1.61千米）也要尽可能避开她。就像传说中的巫婆一样，她见到人就破口大骂，面目凶恶。大家相信这个丑恶的老太婆能够变成各种东西，尤其喜欢变成猫，于是村里所有的猫都难逃厄运，几乎全被折磨致死，连儿童都成了折磨小动物的高手。

还有个渔夫，有人说他已经将灵魂和肉体卖给了魔鬼，还把自己的女儿变成了女巫。据说，他能坐在针尖上而不觉得疼痛。渔夫们一有机会就试探他是不是真的有这个能力，在他经常去的酒馆中，总是有人往他的椅垫上放长针。大多数时候，这个倒霉的渔夫会惨叫一声，偶尔也会没有反应。大家因此更加相信他拥有超自然的力量，一定是魔鬼赋予他的。

在英格兰北部和法国等地，迷信思想曾经又一次回光返照，并疯狂到不可思议的程度。许多病人深信巫医能有效地治好任何疾病，于是装神弄鬼的巫医成群结队地冒了出来。1818 年 1 月，一个法国泥瓦匠突然患病，由于无法解释病因，他怀疑有人对自己施加了巫术。他把自己的想法告诉了女婿，两人一起去请教一个巫医。巫医认定病人的确是中了巫术，并主动要求陪他们一起去找真正的罪犯。一天晚上，三个人溜进一个老人的家里，指控他借助魔鬼的力量诅咒别人患病，并要求他解除魔咒。老人坚决否认自己是巫师，更不知道什么咒语。为了迫使老人招认，他们点燃了几根硫黄棒，放在老人的鼻孔下面，不一会儿，老人就因窒息而倒地，昏迷不醒。他们以为自己杀了人，就把老人抬起来，趁着夜色偷偷扔到一个池塘里，希望造成老人失足落水的假象。池塘不深，冰凉的水恢复了老人的知觉，于是他睁开眼睛坐了起来。三人很震惊，更害怕事发，就跳进池塘里，抓住老人的头发，把他淹死了。几天后，这三人以谋杀罪被逮捕归案。

迷信思想至今阴魂未散，不仅是在法国和英国，在其他所有国家里都是如此。许多谬见根深蒂固，并未随着时间的流逝而彻底烟消云散。值得欣慰的是，那个对迷信极度痴迷的时代已经一去不返了，疯狂和残忍已经逐渐弱化成了轻度的愚昧。现在已经很少有人执迷于迷信思想了，但是在过去的岁月里，它曾拥有过几百万的忠实信徒，因此遭到残害的人数以万计。

第十二章　慢性毒杀

>　　白斯卡拉：这种事从来没听说过。
>斯台发诺：在我看来，对所有听到的人来说，那都是无稽之谈。
>　　白斯卡拉：如果这些事是真的，那我告诉你，他们的确已经陷入了疯狂中。
>
>　　　　　　　　　　　　　　　——米兰公爵

第一节　英国两起投毒案

慢性投毒这种残忍的害人方法，各个年代都有发生。这种方法可以让被害人像自然死亡一样逐渐衰竭而死。早在16世纪初，这种犯罪手段就逐渐兴起。到了17世纪，它已像瘟疫一样席卷了整个欧洲。通常说来，这种犯罪是由所谓的女巫或男巫施行的，并最终成为这类人必须掌握的一种技艺。在英王亨利八世统治的第21年，政府通过了一项法令，对这种行为进行严厉处罚。根据规定，那些触犯该法令的罪犯要在沸水中被煮死。

在英国的投毒案中，时间最早、最臭名远扬的是1613年发生的那一起。在这个案子中，托马斯·奥威巴里爵士被毒杀，詹姆斯一世王朝也蒙受了羞辱。

罗伯特·科尔是个品行低劣的苏格兰青年，仅仅由于其英俊的外表，他被詹姆斯一世授予很高的荣誉。1613年，他被任命为苏格兰财政大臣，并被册封为罗切斯特子爵，从而成为贵族。在科尔的发迹过程中，有个朋友在暗中相助，此人就是国王的秘书托马斯·奥威巴里爵士。他是国王的心腹，暗中参与了国王的许多罪恶活动。这个人不但利用自己的势力帮助科尔提升地位，还为科尔与艾赛克斯伯爵夫人通奸提供便利。艾赛克斯伯爵夫人情欲旺盛、不知羞耻，为了摆脱丈夫，她提起了离婚诉讼。诉讼中说，她是一个朴实无华、感情纯真的女人，这样的人无论如何也不能承受缺乏感情的婚姻。艾赛克斯伯爵夫人赢得了诉讼案的胜利，成功离婚。判决一公布，她就开始筹备与科尔的盛大婚礼。

托马斯·奥威巴里爵士一直都全力以赴地支持科尔，并多次为他与艾赛克斯伯爵夫人的偷欢提供机会，但是现在他觉得艾赛克斯伯爵夫人过于无耻，科尔和她结婚将会妨碍其仕途，于是极力劝诫科尔不要与这个女人结合。科尔很生气，立即把奥威巴里的话转告给伯爵夫人。伯爵夫人怀恨在心，决心报复。

不过，科尔夫妇很善于伪装，丝毫没有暴露他们的仇恨。科尔恳求国王任命奥威巴里出任驻俄大使，这看起来是对奥威巴里的抬举，实际上是科尔夫妇恶毒阴谋的第一步。科尔假装站在奥威巴里的立场上，建议他拒绝接受国王的新任命，说这是国王的阴谋，是为了疏远他。科尔还保证说，如果奥威巴里因为拒绝接受任命而引起什么麻烦，他会尽力从中周旋。奥威巴里不明就里，拒绝了任命，国王大发雷霆，立即把他关进了伦敦塔监狱。

奥威巴里刚进监狱，科尔就利用职权解除了伦敦塔内原先代理狱长的职务，安插自己的亲信吉登斯·艾维斯填补了这一空缺。另一名叫理查德·威斯顿的手下也被安排进来，负责看守室的工作。就这样，科尔实现了对奥威巴里的直接控制。

与此同时，阴险的科尔给奥威巴里写信，希望他能够平静地对待不幸，并保证监禁的日子不会太久，自己正在全力营救，他的朋友们也正设法平息国王的怒火。他写的信语言诚挚，充满同情，非常具有迷惑性。不仅如此，他还送去了很多精美的食物，如此精美的食物从来没有在伦敦塔内出现过。其实，这些食品都已经被科尔下过毒。

有位名叫特纳的女人曾将自己的房子租给科尔与艾赛克斯伯爵夫人，作为他们苟合的场所，现在科尔让她负责采办毒药。他们将小剂量的毒药混在糕点和其他食物之中，例如把砒霜掺进食盐，或将斑蝥粉混入胡椒粉。在指定的审判日之前，奥威巴里每天吃下的毒药加在一起，足以毒死20个人。就这样，奥威巴里的健康状况越来越差，身体一天比一天衰弱。但是，奥威巴里的体质很好，生命仍在维持，科尔渐渐失去了耐心。

正在这时，奥威巴里在给科尔的一封信里威胁说，如果不能让他尽快恢复自由的话,他将把科尔的恶行向外界公布。收到信后,科尔向他的情妇抱怨此事拖延过久,恐生变数。于是他们加快了步伐。1613年10月,奥威巴里在被迫吞下一剂毒药后立即丧命,六个月的痛苦折磨终于结束。在死去的当天,他被床单草草一裹,埋在伦敦塔附近的一个深坑里,没有一个亲友被邀请来参加葬礼。

奥威巴里的突然死亡,葬礼的草率结束,以及总是做不出来的尸检报告,都使人们产生了种种疑问。人们开始公开谈论此事,怀疑其中必有隐情。死者的亲属公开声明,他们认为奥威巴里是被谋害致死。但是,由于科尔仍然手握大权,处于一人之下、万人之上的地位,没人敢公开表示对他的怀疑。他与艾赛克斯伯爵夫人如期举行了气派的婚礼,国王也出席了。

有关科尔的传言从未停止,科尔也一直无法摆脱内心的犯罪感。他渐渐变得颜容憔悴、目光黯淡,情绪变幻莫测,意志消沉。这种变化使国王不再欣赏他,国王开始寻找新的宠臣。白金汉公爵乔治·维勒尔斯智力超群,英俊潇洒,而且敢想敢做,正符合国王的心意。白金汉公爵得宠之时,正是科尔退出政治舞台之日。失宠之后,对科尔的传言公开化了,且愈传愈烈。白金汉公爵急于彻底终结科尔在国王面前的地位,就鼓动奥威巴里的亲属们行动起来,对亲人的离奇死亡提出质询。

詹姆斯国王是个颇为自负的君王,他总是自夸有解决疑难案件的本领,奥威巴里爵士一案让他有了施展自己才华的舞台。他先是下令逮捕了伦敦塔负责人吉登斯·艾维斯,之后又陆续逮捕了看守人威斯顿、特纳夫人、罗伯特·科尔及其夫人。

审判那天,最先被带进法庭的是威斯顿。此案吸引了所有民众的注意力,他们都抛下手头的事,跑到法庭里看热闹,法庭里人山人海,拥挤得喘不过气来。

起诉书宣读完毕以后,威斯顿只是不停地重复一句话:"上帝可怜我,上帝可怜可怜我!"当问到他将接受怎样的审判时,他宣称他将接受神的审判。

最后，陪审团宣布他有罪，并立即执行死刑。特纳夫人、吉登斯·艾维斯也被判有罪，并在 1615 年 10 月 19 日至 12 月 24 日之间被分别处决。但是，对于罗伯特·科尔及夫人的审判直到次年 5 月才进行。

伯爵夫人首先走上被告席。宣读起诉书的时候，她泪流满面，浑身颤抖，用微弱的声音表示认罪。她用无比温顺的声音请求法官和陪审团："我可能不会被判处死刑，但是不管怎么说，都无法减轻我的罪过。我渴望各位的仁慈，希望上议院全体议员能够为我向国王说情。"但没人同情她，她被判处死刑。

第二天审判科尔。他表示不服罪，神态自信，泰然自若，不但顽固地为自己辩护，而且非常严厉地反驳证人。经过 11 个小时的审判，法庭认为他有罪，他被判处死刑。

对这起残暴犯罪行为的判决十分严厉，但并没有阻止投毒行为的蔓延，恰恰相反，这件事引起了愚蠢的模仿。据说，詹姆斯国王本人最后也成了这种模仿行为的牺牲品，而且给他下毒的正是他的宠臣白金汉公爵。

一般认为，白金汉公爵的犯罪动机有三点：第一，是出于报复心理，因为国王在位的最后几年里，对白金汉公爵非常冷漠；第二，是出于恐惧心理，担心国王会降他的职；第三，是出于一种希望，希望自己能在詹姆斯国王死后对新国王产生影响力，从而获得更多的政治机遇。当时国王患了疟疾，公爵趁御医出去吃饭的机会劝说国王服下了一点白色粉末，服下之后，国王的健康状况立即变糟，疼痛难当，腹泻更加剧烈，而且多次晕厥。在饱受折磨之后，国王大声抱怨这种白色药粉，并喊着说："即使死掉，我也不吃这种药了！"后来公爵又让自己的母亲白金汉伯爵夫人在国王的胸部涂了一种药膏，于是国王变得更加虚弱不堪，呼吸短促，徘徊在死亡边缘。医生们都说国王中了毒，于是白金汉公爵就从医生里随便揪出一位作为投毒犯罪嫌疑人提交给议会，并将另外一名医生驱逐出宫廷。国王死后，人们发现国王的身体和头颅都肿得厉害，比平时大了很多；他似乎浑身松动，头发连同头皮都粘在了枕头上，而且手指甲与脚指甲也都脱落了。

传闻说，白金汉公爵是从一个名叫兰姆的医生那里弄到毒药的。这位医生除了经营毒药，还假装会占卜算命。公众对白金汉公爵产生的憎恶情绪全都转嫁到了这个庸医身上，吓得他不敢在伦敦街道上公开露面。一天，他走在一条大街上，自以为伪装得很好，结果还是被几个街头流浪儿认出。大家开始起哄，朝他身上扔石块，并大声喊叫："投毒犯！投毒犯！打倒这个男巫！打倒他！"很快就有一大群人聚拢过来。兰姆吃力地溜出人群，撒腿狂奔，人群穷追不舍，最后抓住了他。人们抓着他的头发沿街示众，并用棍棒和石块不断地打他，高喊着："杀死男巫！杀死投毒犯！"

新国王查理一世快马加鞭地赶来平息骚乱。但是他来得太晚了，兰姆医生早已死去，身上的骨头都被砸碎了。查理一世对于如此残忍的骚乱非常愤怒，但这是群体行动，找不出肇事的头目，于是就罚全体市民600英镑的罚金。

第二节　意大利投毒者

投毒最盛行的地方是意大利，波及的范围也不限于贵族。在16、17世纪，意大利人把毒杀看成一种无可非议的消灭敌人的方法，决不会为此而有丝毫内疚。女人会公然把毒药放在梳妆台上，准备随时使用。毒杀甚至被看作小过失，是可以原谅的。

有一个叫詹尼热·安尼斯的人，他曾经做过一段时间的渔民，后来充当了民间自治组织的首领。他处处与政府作对，盖兹公爵对他深恶痛绝，就派卫队长去暗杀他。有人建议说，匕首是最好的工具，但是卫队长对这个建议不以为然，他准备毒死安尼斯。他说，用匕首刺杀对方是不光彩的，有失卫队军官的体面！他联合了几个同道，伺机而动，在一份晚餐里给安尼斯下了慢性毒药。但安尼斯很侥幸，那天晚餐他除了一点卷心菜之外几乎什么东西都没吃，而卷心菜恰好对那种毒药具有解毒作用，它使安尼斯吐出了所有的东西，保住了一条性命。在此后的五天里，他一直躺在床上，但是并不知道自己差点被毒死。

当时，出售毒药在意大利已成为利润丰厚的行当了。大约10年后，这项生意遍及全国，越发兴隆，以至于一直保持沉默的政府不得不出面干涉。1659年，有人向罗马教皇亚历山大七世报告说，许多年轻妇女在做忏悔时承认曾经用慢性毒药谋杀自己的丈夫。事实证明这个报告是有依据的，在当时的罗马，年轻寡妇的队伍在日益扩大，而且有关她们的传言层出不穷。人们发现，如果某一对夫妇过得不幸福，那么不久之后，丈夫往往就会患病或者死亡。罗马教皇很重视这个事实，组织人员展开调查，很快发现了一个可疑团体。出于不可告人的目的，一个由年轻的妻子们组成的社团每晚都要聚会，地点在一个名叫海尔瑞玛·斯帕拉的老年妇女家里，这个相貌丑恶的老妇人是个颇有名气的巫婆，据说还能未卜先知，她充当了这群歹毒女性的头领。后来查明，这个社团中还有罗马王室的成员。

为了深入了解这群妇女秘密聚会的内容，获取有力的证据，政府派了一名妇女打入她们内部。她打扮成极其时髦的贵妇人，来到斯帕拉家，不费吹灰之力就被这个组织吸收为其中的一员。她谎称，她的丈夫对她不忠，而且总是虐待她，为此她很苦恼。她央求斯帕拉给她一点灵丹妙药，也就是被那些罗马妇女们推崇备至的能让残忍冷酷的丈夫"长眠不醒"的东西。斯帕拉中了计，卖给了她一点儿所谓的"灵丹妙药"。

这种清澈透明而且无味的溶剂被送去化验，结果正如所预料的，这是一种慢性毒药。获得这个证据之后，警察立即包围斯帕拉的房子，拘捕了这个老巫婆和她的成员。当局对斯帕拉进行审问，但是她非常顽固，拒不承认自己犯了罪。

一个名叫拉·格拉特奥萨的女人却没有斯帕拉那么顽固，她详细交代了这个阴险歹毒的妇女组织的全部秘密。这些妇女全都被判有罪，并根据犯罪情节的不同而处以相应的刑罚。斯帕拉、格拉特奥萨以及另外三个毒死丈夫的女人同时在罗马被处以绞刑，另外30多名妇女被沿街鞭打示众。还有几名妇女由于身份高贵而免受这种屈辱的惩罚，但被处以重金罚款并被流放国外。在这件事之后的几个月里，又有九名妇女因为投毒而被处以绞刑；而另外一群妇女——包括许多年轻貌美的姑娘在内——被迫半裸着身子沿街鞭打示众。

惩罚如此严厉，但是并没有彻底阻止这种犯罪。那些恶毒的妇女和贪婪的男人为了急于得到丈夫、父亲、叔伯或者兄弟的财产，纷纷使用毒药。这类毒药全都是无色无味的透明液体，不容易引起人们的怀疑。长期从事毒药买卖的摊贩们在技术上越来越高超，可以将毒药配制成不同的浓度，无论买主是希望药力在一个星期、一个月或者六个月内发作，他们都可以准确地配出相应的毒药。这类摊贩往往是妇女，其中名气最大的叫托普安妮亚，是名女巫。她通过出售毒药的方式间接杀害了600多人。

托普安妮亚从少女时代就开始经销毒药，并创造了一种被她叫作"圣·尼古拉·巴里甘露"的毒药品种。在意大利，人们有祭祀圣·尼古拉·巴里墓的习惯，据说，巴里墓中经常冒出一种神奇的油，这种油几乎可以治愈所有的遗传类疾病，患者可以放心使用。托普安妮亚给她的毒药起了这个美妙的名字，以逃避海关官员的检查，因为意大利人对巴里墓及其神油怀有敬畏之心。这种名字美妙的毒药与斯帕拉制造的毒药很相似。发明顺势疗法的海乃曼医生曾写过关于这种毒药的文章。他发现，这种毒药由富含砷（即砒霜）的中性药材与盐配制而成，吃下这类药后，食用者会逐渐失去胃口，身体变得虚弱、乏力，并出现胃绞痛以及肺痨等症状。

托普安妮亚的这种名牌毒药很畅销，买卖做得很大，但是要见到她却极为不易。为了避免被人发现，她经常变换姓名和住所，并假装成一个无比虔诚的基督徒，一旦意识到自己有可能被发现，就向基督教会寻求保护。然而，游戏不可能永远玩下去，她最终还是在一座修道院内被发现。负责抓捕的总督多次与修道院院长交涉，要求把她交出来，但是毫无结果。那个修道院院长得到了地区大主教的支持，坚决拒绝交人。这种意外的情况引起了公众的强烈好奇心，成千上万的人涌向修道院，都想看看这个女人长什么样。

总督的忍耐已到了极限。他认为，一个如此凶恶残忍的罪犯是不该受到教会庇护的。他打破了教会的特权，派一队士兵破墙进入修道院，抓走了托普安妮亚。在随后的审讯中，托普安妮亚供出了一长串受害者的名单，还提供了一些顾客的姓名。政府为了平息由于总督冲进修道院引起的教徒的愤怒，也为了把愤怒引向托普安妮亚，于是就对外散布消息说，托普安妮亚已经在全城的水井和泉水里投了毒。群众立刻义愤填膺，不久以后，托普安妮亚就被绞死，尸体被隔墙扔进了那个修道院。政府允许教士们为她举行葬礼，以表示对宗教的尊重，缓和了前一时期的冲突。

第三节　法国投毒者

托普安妮亚被处决后，投毒狂似乎减少了，但是我们仍然可以看到她对法国产生了多么大的影响。在 1670 年到 1680 年的 10 年间，投毒行为在法国如此流行，以至于德·赛维根夫人在她的一封信里透露了深深的忧虑，她担心法国人将成为投毒犯的同义词。

就像在意大利一样，政府从传教士那里了解到了投毒活动猖獗的情况。社会各个阶层都出现了一些投毒的妇女，社会级别越高，人数就越多。她们在向教士忏悔时，承认她们曾毒杀过自己的丈夫。这些情况被曝光后，政府逮捕了两名意大利人，一名叫艾克塞拉，一名叫格拉斯，他们被投进了巴士底监狱，罪名是为谋杀犯制造毒药和贩卖毒药。格拉斯死于狱中，艾克塞拉在狱中关了七个月后才受到审判。在巴士底监狱，艾克塞拉结识了一位名叫森特·克罗克斯的犯人，通过这个犯人，投毒犯罪的手法在法国人中间得到了更广泛的传播。

森特·克罗克斯出狱后，许多人从他那儿学会了投毒，其中最有名的学徒是德·布瑞威利尔夫人，她的出身与婚姻都与法国的贵族有关。

1615年，她嫁给了德·布瑞威利尔侯爵，两人共同生活了很多年，但并不幸福。侯爵是个荒淫无耻的人，正是他把同样荒淫无耻的森特·克罗克斯介绍给了自己的妻子，没想到两人产生了罪恶的激情。侯爵夫人为了迎合森特，在精神上和行为上都陷入了罪恶的深渊中。起初，她还能在世人面前装出一副正派形象，后来与丈夫通过合法的手段分居后，她完全撕开了伪善面纱，公开了与情人森特·克罗克斯的私情。她的父亲德·奥布瑞侯爵对女儿的无耻行为非常愤怒，就想方设法弄到了一张秘密逮捕令，把森特抓进了巴士底监狱，关了整整一年。在此期间，森特结识了艾克塞拉，并学到了配制毒药的方法。

出狱后，森特产生了一个可怕的念头，打算毒死情人的父亲德·奥布瑞侯爵以及她的两个兄弟，这样一来，他的情人就可以继承全部财产。三条人命对这个坏蛋来说根本不算什么，他甚至毫无顾忌地把想法告诉了德·布瑞威利尔夫人，两人一拍即合。他着手配制毒药，由她负责下毒。森特·克罗克斯发现这个女人在配置毒药方面领悟能力十分高，一学就会，没过多久，她就与森特一样熟练了。为了测试毒药的威力，她常常用狗、兔子、鸽子做试验。为了进一步了解药力在人身上的反应，她经常访问医院，假装慈善，带给那些可怜的病人一些肉汤，汤里混着毒药。由于他们配置的毒药不会立即置人于死地，所以她可以放心地把它们用于某一个病人身上，不必担心背上谋杀的罪名。在和父亲共同进餐时，她又在客人们身上继续这一阴险的试验，在客人们的肉馅饼里下毒。为了更加准确地了解毒药的效果，她甚至拿自己作了一回试验！这次不顾死活的冒险使她对药效更加了如指掌，于是她开始对自己的亲生父亲下手。她在父亲的巧克力里下了第一剂毒药，药效显著。老人很快"病倒"了，女儿在床前仔细观察、守候，看上去无比关切和焦虑。第二天，她端来一碗据说极为滋补的肉汤，汤里当然有毒。通过这种方式，老人的体力逐渐耗尽，10天之内一命呜呼！他的死看来完全是疾病所致，没有引起任何人的怀疑。

她的两个兄弟很快从外省赶来，向父亲做最后的告别。从表面上看来，他们的姐姐是那么悲伤，他们怎么也想不到，厄运会降临到自己头上。森特·克罗克斯雇了一个名叫拉·齐斯的人对她的两个兄弟投毒，不到六个星期，两人都被送上西天。

但恶棍并不喜欢和他们一样的恶棍。看到布瑞威利尔夫人如此残忍，森特对这个未来的妻子心存猜忌，处处设防。布瑞威利尔夫人准备毒死自己的丈夫，然后与森特结婚，但是森特并不希望这样的事情发生。每天，森特都向布瑞威利尔夫人提供毒药，布瑞威利尔夫人把毒药投在丈夫的饭食里。但是到了第二天，森特总是偷偷地给她丈夫一粒解药。这位可怜的丈夫深受折磨，虽然逃过了死亡，但是身体完全被毁坏。

森特不愿再和布瑞威利尔夫人待在一起，终于不辞而别。分手之后不久，他们的罪行暴露了。

森特·克罗克斯配制的毒药药性很强，他在实验室工作时，总是要戴上面具以防窒息。一天，面具突然脱落，他最终死于自己的毒药。第二天早晨，在他改装成实验室的黑暗寓所内，人们发现了他的尸体。警察在清理物品时发现了一个小盒子，盒上贴着一张字条：

如果这个盒子落到您手上，我诚恳地请求您帮一个忙，请将它交给住在圣保罗第九大街的德·布瑞威利尔侯爵夫人。这个盒子里的东西只与她相关，只属于她一个人。除了她之外，盒里的东西对其他任何人都没有价值。如果她已经去世，我希望您把这个盒子烧掉。我对神明的上帝发誓，我所说的一切都是真的，如果有假，我愿接受天谴。如果我的这份声明被您轻视，那么您必将受到良心的谴责，不管在今生还是在来世。这是我最后的遗愿。

巴黎，1672年5月25日。

（签名）森特·克罗克斯

如此急切而古怪的请求激起了人们的好奇心。有人打开盒子，发现里面装着几张纸和几个玻璃瓶，玻璃瓶里面装着粉末。粉末被送到一个化学家那里进行化验，几张纸则被警察保存。在这些文件中，警察发现一张由布瑞威利尔侯爵夫人签给森特的3万法郎的期票。而另外几份文件则说明她和他的仆人拉·齐斯与最近的谋杀案有关。警察将森特·克罗克斯的死讯通知给侯爵夫人，她立即请求将那个盒子交给她，但遭到了拒绝。她看出形势不妙，立即逃往英国。拉·齐斯没有这么机灵，他被抓住了，并于1673年3月在巴黎处决。侯爵夫人也被缺席判决斩首。

布瑞威利尔夫人在英国躲了三年多。1676年初，她觉得政府对她的追踪已经不再那么严密，就冒险重返欧洲大陆。她昼伏夜出，秘密来到比利时的列日市。法国当局很快得到了她返回的消息，列日市政府立即做出反应，配合法国警察搜捕她。一位名叫戴斯格瑞斯的法国警官接受了抓捕她的任务。他经过调查，发现她躲在一个女修道院里。按照当时的法律，不能到修道院抓人。戴斯格瑞斯装扮成牧师，被允许进入女修道院，拜访了布瑞威利尔夫人。他恭维说，作为一个善于欣赏美的法国人，如果不能拜访美貌如此惊人的夫人，实在是太遗憾了。这番恭维的话极大满足了布瑞威利尔夫人的虚荣心，使她放松了警惕。他继续向她倾吐爱慕之意，逐渐使侯爵夫人完全失去了戒心，答应与他在修道

第十二章 慢性毒杀 155

院外幽会,在那儿幽会,自然要比修道院内便利得多。她走出修道院,结果发现等着她的并不是梦想中的真情郎,而是一个警察。

对她的审判按期进行,各种证据都很充分。拉·齐斯临终前的交代已经足以证明她的罪行,另外,森特盒子上的令人生疑的说明以及她逃离巴黎的行为都对她很不利。不过,所有证据中最有力、最确凿的是她亲笔书写的一张纸。在这张纸上,她向森特详述了她一生中所有的罪行,而且谈到了对她父亲和两个兄弟的谋杀。

1676年7月16日,巴黎高级刑事法院公布了判决书,德·布瑞威利尔夫人犯有谋杀亲生父亲和两个兄弟,以及谋杀亲妹妹未遂的罪行。判决过后,她被光着脚拖进囚车,脖子上拴着一条绳子,手里举着一个燃烧的火把,就这样被押送到巴黎圣母院大教堂的门口。在那里,她将正式向所有市民认罪。之后,她将被押往德·格瑞威广场斩首示众,尸体将被焚化,骨灰将被撒往空中。

她对自己所犯下的罪行全都供认不讳。她似乎并不惧怕死亡,然而,这不是因为她有勇气,而是因为她是个疯狂而不顾一切的人。当时的目击者德·赛维根夫人说,在布瑞威利尔夫人被押往刑场的路上,她恳求听她忏悔的牧师能够支开刽子手,最好牧师能靠近一些,以便挡住她的视线,把那个"卑鄙的戴斯格瑞斯"挡在视线之外,她一眼也不愿看到那个"可恶的人"。在断头台上,她依然狂笑不止,在死亡面前,她也一如既往地执迷不悟、冷酷无情。

一直到1682年,法国监狱里有很多犯人都是因为投毒罪而入狱的。特别需要注意的是,在投毒罪增加的同时,别的各种犯罪都相应地减少了。对那些心肠狠毒的人来说,无色无味的毒药具有更大的诱惑力,它们能使这些犯罪分子气定神闲地实现谋杀,而且可以控制日期。妒忌、报复、贪婪甚至微不足道的怨恨都会诱使他们投毒。使用手枪、匕首或者烈性毒药虽然可以使对方立即毙命,但是却很容易败露,所以大家都转而使用慢性毒药。

这一时期,有两位臭名昭著的妇女对数百人的死负有责任。两人的名字分别叫拉渥森和拉维格瑞克丝,她们都住在巴黎,靠卖药为生。就像斯帕拉和托普安妮亚一样,她们的毒药主要卖给那些希望摆脱丈夫的妇女,在个别情况下,也卖给那些希望摆脱妻子的丈夫。两人的公开身份是接生婆,作为接生婆,她们窥探到了许多家庭的秘密,这些秘密后来被她们充分利用,发挥了极可怕的作用。

没人知道她们从事这种可怕的生意有多长时间,1679年底,她们的罪行终于被人发现了。两人被判有罪,于1680年2月22日在德·格瑞威广场被处以火刑。她们在巴黎和外省的同行也被揭发出来并遭到审判,共有30～50人被绞死,主要是妇女。拉渥森保留了一份名单,记载着在她那里购买过毒药的人的名字。在她被捕时,这份名单落到了警方手上。法官们对这份名单进行了研究,结果让他们大吃一惊,德·罗克斯姆伯格陆军元帅、德·索桑伯爵夫人以及德·保隆公爵夫人的名字都在这份名单上。这些高贵的投毒者在有权有势的朋友们的帮助下,全都逃脱了惩罚。这使民众颇为愤怒,同时也激起了民众继续投毒的热情。在之后两年多的时间里,投毒犯罪极其猖獗。后来,政府加大了打击力度,对这类犯罪重新使用火刑和绞刑,并且一次处决了100多人,这样才把这种犯罪压制下去。

第十三章　鬼屋魔影

又传来清晰的敲门声……咚！咚咚！咚！
是谁在敲？
是比尔泽巴布吗？
是谁在敲？
难道是幽灵？
咚！咚咚！咚咚——怎么总是不停？
——莎士比亚《麦克白》

第一节　闹鬼的房子

　　谁都见过或听说过这样的房子：门窗紧闭，空无一人，屋子里到处都是灰尘，显得阴森诡秘。午夜时分，房子里总是会传出奇怪的声音——有的像似有似无的敲门声，有的像拽动链条的哗啦啦的声音，有的又像是鬼魂的呻吟。天黑后，人们不敢从这样的房子前路过，即使送钱，也没有人敢在这样的屋子里住下。在英国、法国和德国，在欧洲的所有国家，都有上百间这样的房子。这些房子成了恐怖的代名词，人们认为它们是魔鬼和幽灵们的藏身之所。胆小的人们见到它就远远地避开；虔诚的信徒们经过时，就不停地祈祷，向上帝寻求保护。

　　所谓闹鬼的房子，很多只是由于一些极难觉察的情况而遭到人们的误解，只要有个聪明而细心的人解开症结，就可以消除人们心头的恐慌。在爱克斯·拉·查普地区就有这么一处大宅子，不管是白天还是黑夜，宅子里总是发出神秘的敲击声，所以这座颇为豪华的大房子荒废了整整五年，谁也不敢住进去。没人能解释那声音从哪里来，左邻右舍越来越惶恐，最后搬家到其他地方去了。这所宅子长期无人照看，逐渐变得破败不堪，屋子里面光线昏暗，一片狼藉，整幢房子又脏又乱又阴森，越发像个鬼宅，太阳落山后，谁也不敢从附近经过。敲击声似乎来自楼上的某间屋子，声音不大，但是经常响起。有传言说，常听见地窖里有人在呻吟，午夜的钟声过后，就会有半明半暗的灯火在窗边飘过来、荡过去，而且不时出现一两个身着白衣的幽灵，他们在窗边咯咯地笑，还互相说着悄悄话，闹个不停。不过，这些说法都经不起推敲。但是不管怎样，那奇怪的敲击声的确莫名其妙地持续着。房主请来牧师，给所有房间撒上圣水，命令魔鬼离开这宅子，但敲击的声音还是天天响个不停。宅子的主人毫无办法，只好以极低的价钱卖掉了它。一天，新房主站在二楼的房间里，突然听见房门撞击门槛，声音很大，然后门打开了大约两英尺（0.61米）。他一动不动地站在那里，认真观察。一分钟之内，同样的事情又发生了两次。他走过去，仔细检查了房门，一切都明白了：门闩坏了，所以门关不紧；正对着门有一扇窗，窗上缺了一块玻璃，当风以一定的角度吹进来时，就会把门关上；而门因为没有门闩，很快就会被弹开；如果又有风吹进来，门就又会被吹闭而后弹开，周而复始。新房主弄明白之后，马上找个玻璃工安上了那块玻璃，然后修好了门闩。从此以后，那神秘的声音就永远消失了。经过重新粉刷和装修，老房子又恢复了原来的模样。不过，还是有胆小的人对这座房子心有余悸，总是尽量绕开走。

另一个故事的主人公是个世家子弟，名声很好，在政界如鱼得水。他刚刚继承了爵位和财产，住进了一座豪华的新房子，但没住几天，仆人们就说晚上总是听到奇怪的声音，很害怕。这位绅士决心自己查出真相，于是就带着一个老仆人，认真寻找声音的来源。他俩监视着整个宅邸，终于听到了响动，然后循着声音来到一个小贮藏室，里面存放着各种食品。进了贮藏室之后，声音没有了。他们安静地等待了很长时间，终于又听到了那声音，可听上去比在外边远处听起来小多了。这使他们更加好奇，最后终于发现了问题所在：原来，有一只老鼠被关在一个旧式鼠笼里，它挣扎着逃跑，就努力地把关它的笼门举起来，可是举到一定高度之后就再也举不高了，只好又放下来。这奇怪的声音原来是老鼠造成的。鼠笼的门"啪"地合上，声音在宅院里回响，这使不明就里的人们觉得古怪，于是造成了神秘的流言。

其实，大多数"鬼屋"都是某些活人在捣鬼。1259年就发生了一件这样的事情，那是六个狡猾的教士在愚弄法国国王路易。路易是个虔诚的教徒，在法国历史上留下了"圣人"的美名。他听说圣布鲁诺修道院的教士们善良博学，就请那里的主教派一些人到自己身边。主教派来六个人，国王让他们先暂时住在常特立村一座漂亮的房子里。在这座漂亮的房子旁边，是前国王罗伯特建造的一处皇家宅邸，已经多年无人居住。教士们从自己的窗口正好望见这处宫殿，觉得这宫殿适合他们住，但又觉得直接向国王索要有些不太好意思，于是他们就想了个办法。从此，宫里晚上经常传出恐怖的尖叫声，从窗外还能瞥见红、绿、蓝等各色闪光，颜色很淡，而且会很快消失。有时候还有铁链锒铛作响的声音，并伴随着极其痛苦的哀号声。这种古怪的现象持续了好几个月，把附近村庄的人吓坏了。最后，宫里竟然出现了一个幽灵，全身绿色，胸前垂着长长的白胡子，还拖着蛇一样的尾巴。每天午夜过后，幽灵就出现在宫里的大窗户后面，一边发出可怕的嚎叫声，一边向附近的人们张牙舞爪。闹鬼的流言迅速传开，再经过道听途说者的添油加醋，一直传到虔诚的国王路易那里，把他吓了一跳。六位教士义愤填膺："大胆幽灵，竟敢在我们眼皮底下作乱！"他们对国王指派的负责调查此事的官员说，只要他们住进宫殿，很快就能把幽灵赶走。国王被他们勇敢和无私的精神深深打动，于是六个教士立即进驻宫殿，开始驱魔。很快，古怪的亮光消失了，幽灵也不见了，教士们说，那个绿色的魔鬼已经被他们打败，被永远地压在了红海底下，再也不会出来为非作歹了。六个教士的功绩被载入了皇家大事记，这座宫殿也成了他们的财产。

1580年，一个叫吉尔斯·布莱克的人在佗思城郊区租了一间房子，可是后来觉得房租太高，所以想和房东彼得解除租约。但房东彼得对这个房客和租金都很满意，根本不想解除租约，而且拒绝任何让步，两人闹得很不愉快。不久以后，佗思城里传遍了关于吉尔斯·布莱克的房子里闹鬼的流言。吉尔斯本人确认地说，他的房子里简直汇集了全法国所有的巫婆和魔鬼。这些恶魔又是敲墙，又是在烟囱里尖声嚎叫，弄出各种各样令人毛骨悚然的声音，谁也不可能在这样的屋子里睡觉。恶魔们砸碎了窗玻璃，施法让屋子里的桌子、椅子整夜整夜地跳舞，厨房也被弄得一塌糊涂，到处都是碎瓶子。吉尔斯·布莱克到处宣讲，引来了成群的看客，他们聚集在这所房子周围，听到了某些不可思议的声音，而且看到墙上的砖头掉下来，砸在几个人的脑袋上。

这样的怪事持续了一段时间之后，吉尔斯·布莱克向法庭起诉，要求废除租约。房东彼得被传唤出庭，法官质问他为何还不解除租约。可怜的彼得又能说什么呢？法庭解除了吉尔斯的租约，并宣判倒霉的彼得支付所有的诉讼费。

第二节　精心安排的把戏

最妙的一个闹鬼房屋的故事发生在英国的伍德斯托克宫里。1649年10月13日，英国议会从伦敦派出一批专员，没收并占领了伍德斯托克宫，然后毁坏了宫里所有带着皇家标记的东西。这些专员天不怕、地不怕，随心所欲，肆意妄为。美丽的卧室和更衣室被改造成了厨房和碗碟洗涤室，议事厅成了酿造间，富丽堂皇的饭厅里堆满柴火。他们还专门破坏宫中的皇室标志，对所有能让人想起查理·斯图亚特这个名字或其王权的东西，他们都污辱一番。随同他们搞破坏的还有个教士，叫吉尔斯·夏普，他帮这些自以为是的革命者连根拔除了一株高大的老树，只因为它叫"国王的橡树"。老树被拔出来后，他还把碎木扔到饭厅里，用来生火。第二天，他们听到了一些奇怪的响动，但是没有放在心上。第三天，他们觉得有些不对劲，好像有什么东西在捣鬼，床底下似乎有只魔狗在晚上咬他们的睡衣。第四天，屋里的桌子、椅子都好像自己跳起了舞，到处跑。第五天，卧室里出现了一种莫名其妙的东西，到处上蹿下跳，还把火炉丢进了衣帽间，发出的声音震耳欲聋。第六天，餐厅里的盘子、碟子满天飞，但是弄不明白到底是谁在扔它们。第七天，几根圆木竟躺在卧房，霸占了专员们柔软舒适的枕头。而第八天、第九天，这些混乱和骚动突然停下来，恢复了安静。然而到了第十天晚上，烟囱上的砖头一块一块地掉到了地板上，在地板上打旋，还绕着革命党们的头跳舞，闹了整整一晚上。第十一天，他们的裤子被魔鬼偷走了。第十二天，他们的床上忽然堆满了白蜡盘子，使他们没办法睡觉。第十三天晚上，不知怎么回事，整个宫里的玻璃全都"哗啦哗啦"地碎了，满地都是玻璃碴。第十四天，一阵卵石雨从头上落下，砸得专员们哭爹喊娘，狼狈逃窜。

刚开始，专员们每天祈祷，希望依靠神的力量驱魔降鬼，但不起作用。于是他们猜测可能是自己得罪了这座宫殿的守护神，也许他们应该把这个鬼地方留给妖怪们去闹腾。但他们还是决心再住上几天看看。两天的平静生活过去了，他们以为妖怪已经跑了，于是动手做过冬的准备。

11月1日，他们听见好像有人在更衣室里来回踱步，脚步沉重而庄严。突然，大量砖头、石块、灰泥、玻璃碴砸到了他们的脑袋上。11月2日，更衣室里又响起了脚步声，脚步非常沉重，好像一只巨大的狗熊在跺脚。过了一会儿，脚步声停了，从更衣室突然扔进来一只火炉，砸在桌子上，紧接着又扔进来一把石子和一副马的下颚骨。有几个胆大的专员豁出去了，抓起佩剑和手枪冲进更衣室，但是什么都没发现。到了晚上，他们不敢睡觉，在每个房间都生了火，点了许多蜡烛和油灯。他们想：魔鬼喜欢黑暗，点了这么多灯，它应该不敢来了吧。可是他们想得太美了，从烟囱里流进了几桶水，浇灭了火堆，又不知从哪刮来一阵风，吹灭了蜡烛。几名仆人快入睡时，不知被谁泼了一身又脏又臭的泔水，吓得他们从床上跳起来，嘴里不停地念叨着"上帝保佑"。他们跑到专员们那里，给他们看满是绿色污秽之物的亚麻布床单，还有不知被谁敲得又红又肿的手指。正当这些人惊慌失措的时候，突然又打起了响雷。所有人都伏在地上，请求上帝保护。一个勇敢的专员站起来，以上帝的名义向黑暗发话，到底是谁在折磨他们，他们究竟做错了什么，应该得到怎样的惩罚？他们在寂静之中心惊胆战地等着，可是没有得到回答。在黑暗中等了很久之后，他们点了支蜡烛，放在两个卧室之间的走廊里，但很快又被吹灭了，有人声称，他看见一个马蹄一样的东西把蜡烛连同烛架都踢到了他的卧室里，然后那个东西打三个喷嚏吹灭了烛火。他曾鼓起勇气去拔佩剑，但还没等从剑鞘里拔出剑，就被一只看不见的手抓住了。他拼命与那股神秘的力量较量，结果不但剑被夺走，还被剑柄狠狠地顶了一下，痛得差点昏倒。鬼怪们的声音又响起来，专员们不约而同地退回卧房，在祈祷中熬过了这难过的一夜。

现在看来，魔鬼是打定主意要霸占伍德斯托克宫了，而凭专员们的能力，是肯定斗不过魔鬼的。他们再也撑不住了，决定立刻离开这鬼地方。第二天一早，他们收拾好行李仓皇逃走，把伍德斯托克宫留给了可憎的魔鬼。

几年之后，这件事真相大白。原来，这一切都是当年专员们那"可靠的"教士一手策划的。此人真名叫约瑟夫·柯林斯，是个秘密的保皇党人。他从小在伍德斯托克宫长大，对宫里的地形和机关了如指掌。当年的革命党们从来没有怀疑过他，以为他是最坚决的革命者，所以对他非常信任。他联合了几个善于装神弄鬼的保皇派，狠狠地捉弄了那些革命者，心里高兴极了

1661年，台德沃斯县麦迪逊先生家也出现了这种精心安排的把戏。这一年的四月中旬，麦迪逊先生刚刚从伦敦回到家里，他妻子便告诉他，家里经常听到一种莫名其妙的声音，实在要把人吵死了。第三天晚上，他自己也听见了那种声音，就像有人使劲地敲打房门和墙壁。麦迪逊先生立即爬起来，披上衣服，抓起一把手枪，慢慢地循着声音摸过去，决心抓住捣鬼的人。但是很奇怪，他找遍了房里的所有角落，什么都没发现。而且，无论他走到哪，那个声音都跟着他，忽前忽后，忽左忽右，无法定位。他苦苦思索，但毫无头绪，只好接着去睡。刚脱下衣服舒舒服服地躺在床上，那声音又更加强烈地响起来了。

宅子里接连好几个晚上闹鬼，有一天，麦迪逊先生突然记起一件事。

他曾经下令逮捕过一个流浪鼓手，把他关进了监狱，因为这个鼓手为了求

乞施舍，拿着一面大鼓到处走、到处敲，打扰各地居民。麦迪逊定了他的罪，还扣押了他的大鼓。现在麦迪逊觉得那个鼓手一定是个巫师，为了报复，所以驱使魔鬼来骚扰他的房子。麦迪逊越想越觉得是这样，而且越来越觉得那奇怪的声音非常像是在敲鼓。麦迪逊夫人吓得魂不附体，很快就生病了，卧床不起。她刚生病，屋子里就恢复了正常。等到麦迪逊太太恢复了健康，骚乱就又重新开始，而且更加严重。又过了段时间，魔鬼改变了战术，开始改用他的铁爪在孩子们的床底下抓出刺耳的声音。

麦迪逊请牧师来捉妖。从声音判断，在牧师祈祷的时候，妖精都退到了阁楼上。可是祈祷一结束，妖精就重新回到了客厅。据说，在众目睽睽之下，屋里的椅子自己动起来，孩子们的鞋子不知何故四处乱飞，被抛到了大家头上。情况越来越严重，屋里所有能移动的东西都跑起来了，一根棍子砸在牧师腿上，幸亏妖怪手下留情，打得不算重。村里的铁匠和马夫约翰从不相信什么妖魔鬼怪，但自从见识了麦迪逊先生家里的怪事之后，就再也不敢说鬼是不存在的了。就这样，一传十，十传百，这件怪异的事情很快就传遍了全国，全国各地的人都赶来参观台德沃斯的鬼屋。流言传到了皇宫里，国王派了几位绅士来调查此事，并命令他们将所见所闻写成报告。与麦迪逊先生的邻居们不同，负责调查此事的专员们更明智一些，他们不害怕，也不空想，而是想得到明白无误的证据。他们宣称，如果任何人捣鬼，都将受到严厉的惩罚。事实上，的确是有人在捣鬼，而且幕后主使的确是麦迪逊先生所怀疑的那个鼓手。由于国王的专员在认真调查，所以捣鬼的人被吓跑了，骚乱结束了。

但是，专员们刚一撤离，恶毒的鼓手又开始捣乱，继续闹鬼。每天都有数以百计的人前来观看闹剧，并为此感到无比惊奇。麦迪逊先生有个仆人不仅听见而且看见了那个捣鬼的妖怪。当时那个妖怪站在他的床前，由于天黑，他看不清楚它的身材，只是模模糊糊地感到妖怪的躯干不小，两只眼睛发出耀眼的红光。妖怪盯着他看了许久，然后消失了。魔鬼玩的这类把戏还有很多，有时它一边像猫那样呼噜呼噜叫着，一边把孩子们的腿捏得青一块紫一块；它还在麦迪逊先生的床上藏了一根长钉，在他母亲的床上放了把刀子；它把灰尘掺进粥碗里，把《圣经》藏在壁炉里面，把人们口袋里的钞票涂黑。

这些怪事发生的时候，那个鼓手正在格鲁斯特蹲监狱，罪名是恶棍流氓罪。他虽然没有出面，但的确操纵了所有的这些捣鬼事件。一天，这名鼓手的几个朋友从台德沃斯去看望他，他问朋友们，台德沃斯是不是到处都在谈论一个闹鬼事件。探监者回答："是啊，除了这件事，人们几乎谈不到别的事情。"鼓手很高兴："那是我的人干的。那个麦迪逊活该！我就是要折磨他，他将永远不得安宁，谁让他拿走了我的鼓！"他的话传了出去，他被判处流放。在流放途中，他又逃了回来。于是，扰乱又断断续续地闹腾了好几年。

1760年初，在伦敦的一个叫雄鸡巷的街区，一位名叫帕松斯的牧师家里来了一位房客，是个叫肯特的股票经纪人。肯特的妻子一年前死于难产，他的妻妹法尼女士于是从诺福克郡赶来为他持家，一起租住在帕松斯家里。没多久，肯特和法尼就互相喜欢上对方了，而且彼此许下心愿。两人在帕松斯家住了几个月，其间，房东帕松斯因为生活困难，向肯特借过几次钱。后来房东、房客之间出现了矛盾，于是肯特就搬了出去，并通过法律手段讨回了牧师向他借的钱。

借款案还没结束的时候，法尼小姐突然染上天花而死，被埋在教堂的地下墓室里。帕松斯牧师在法庭上说，可怜的法尼小姐死得蹊跷，一定是肯特先生害死了她，目的是尽快分享法尼小姐遗赠给他的那份财产。法庭没有采信帕松斯的话，这使他觉得很丢脸。在以后的两年里，帕松斯默默探索着一个又一个复仇计划。后来，他终于制造了一个非凡的大阴谋。1762年初，整个雄鸡巷街区都弥漫在一片恐怖之中，据说，在帕松斯牧师家里，法尼小姐的幽灵常常出没。帕松斯12岁的女儿见过幽灵好几次，而且和她谈过话。幽灵甚至还告诉小女孩，她并不是像传说中那样死于天花，而是被肯特先生毒死的。帕松斯制造并散布了这些谣言，而且努力使谣言流传开来。如果有人前来向他询问，他就回答说：

"实际上，法尼小姐死后的这两年里，一到晚上，我们就被门上、墙上的敲击声折磨着，声音很大、很恐怖，根本无法安睡。"邻居们都是些无知而轻信的人，他们相信甚至夸张了帕松斯的故事。为了让大家更确信有幽灵存在，帕松斯还特意请了一位高贵的绅士到家里，来见证这些奇异的现象。绅士来到帕松斯家里时，帕松斯的女儿正躺在床上，身体剧烈地颤抖着，说她刚刚看见了幽灵，幽灵又对她说死于中毒。当时，屋子里气氛怪异，随处都能听到剧烈的敲击声，这位客人又疑又怕，抓紧机会离开了。

第二天晚上，他带来了三位教士和大约20个其他人，其中包括两名健壮的黑人。经过帕松斯的允许，他们留在了屋子里，准备熬夜等幽灵出来。帕松斯还补充说明道，幽灵虽然不愿意让外人看见，但是并不介意回答别人提出的问题。回答时，她敲一下表示同意，敲两下表示否认。如果她不高兴的话，就会发出一种尖锐的刮擦声。然后，帕松斯那个见过幽灵的女儿和她姐姐躺到了床上，教士们检查了床铺和睡衣，睡衣里面也都检查过了，没有发现什么问题。和前一天晚上一样，人们发现床在剧烈地晃动着。

人们等啊等啊，等了好几个小时，墙上终于传来了神秘的敲击声。这时候，孩子说她看见法尼的鬼魂了。牧师庄重地提出了一些问题，通过帕松斯的女仆玛莉·佛蕾撒向幽灵发问，据说死者生前与玛莉关系很好。问题的回答就像帕松斯说的那样，是通过一次或两次的敲击实现的。

"你这样让人不得安宁，是因为肯特先生对你的伤害吗？"——"是的。"

"你是因为中毒才死的吗？"——"是的。"

"毒投在哪里，在啤酒中还是在苦艾酒里？"——"在苦艾酒里。"

"你死前多长时间喝的那杯酒？"——"大约三个小时。"

"你以前的仆人卡萝兹知道这件事吗？"——"知道。"

"你是肯特夫人的妹妹吗？"——"是的。"

"你姐姐死后，你嫁给肯特了吗？"——"没有。"

"除了肯特，还有其他人谋害你吗？"——"没有。"

"如果你愿意，你能让人看见你吗？"——"可以。"

"你愿意这么做吗？"——"愿意。"

"你能走出这间房子吗？"——"能。"

"你愿意回答这些问题吗？"——"愿意。"

"这会使你的灵魂不再那么痛苦吗？"——"会的。"

这时，不知从哪里传来一阵神秘的响声，一个自作聪明的人说好像是拍打翅膀的声音。

"你死前多长时间跟你的仆人卡萝兹说你中了毒？是一个小时前吗？"——"是的。"

卡萝兹也在场，但她肯定地说，当时的情况并不是这样，死者临死前的一小时已经不会说话了。这份证词动摇了一部分人的信心，但问话还是继续下去。

"卡萝兹伺候了你多长时间？"——"三天。"这次卡萝兹说是真的。

"如果肯特先生因为谋杀你而被捕，你觉得他会不会供认？"——"他会的。"

"他会因此而被处以绞刑，他的死会让你的魂灵安息吗？"——"会的。"

"他会不会因此而被吊死？"——"会的。"

"你认识肯特多久了？"——"三年。"

"这间屋里有几位教士？"——"三个。"

"有几个黑人？"——"两个。"

"这只表（表在一位教士手中）是白色的吗？"——"不是。"

"是黄色的吗？"——"不是。"

"是蓝色的吗？"——"不是。"

"是黑色的吗？"——"是的。"表正装在一只黑皮套里。

"今天凌晨你准备什么时候离去？"问了这个问题后，在场的每个人都听到了四下教堂传来的钟声，四点钟到了。像帕松斯暗示的那样，幽灵四点钟准时离开，然后跑到了附近的一家客栈，在店主卧室的天花板上又敲又打，吓得店主和夫人几乎精神崩溃。

这下子可了不得，流言得到了大家的证实，整个伦敦的人议论纷纷，每天都有一大群人聚集在牧师门前，希望能亲眼看见幽灵或是亲耳听到那神秘的敲击声。好奇的人越来越多，拥挤不堪，于是有人提出，这个神秘的地方应该禁止通行。后来，如果有人想进入这个地区，就必须付钱。这种情况让帕松斯满意极了，他不仅成功地报复了肯特，而且还因此发了笔财。结果，可怜的冤鬼每天晚上都来显灵，使数以百计的人获得了乐趣，也使更多的人陷入了迷茫中。

肯特的名声越来越坏，他不得不求助法庭，控告帕松斯及其家人同谋陷害他。审讯在高等法院进行，经过持续12小时的调查，证明这是一场骗局，是许多骗子合伙制造的，这些骗子甚至还雇用了印刷工专门为他们印刷分红表。高等法院为了防止有人仿效这个骗局，所以没有公布骗术的具体细节，但判决书中提到，墙上的敲击声是帕松斯的妻子发出的，而发出刮擦声则是其女儿的工作。这么笨拙的骗术竟蒙住了所有人。

过了大约10年，又一个有关鬼屋的故事使伦敦陷入了恐慌中。有一位名叫高尔登的老太太，与女仆安妮·罗宾逊住在一个大房子里。1772年1月6日晚上，老太太吃惊地发现，屋子里的陶器都十分古怪地晃动着，杯子、碟子从橱柜里滑下来，砰砰地掉在地上摔得粉碎；锅碗瓢盆也旋转着滚下楼梯，甚至飞到了窗户外面；火腿、奶酪、面包掉到了地板上，而且四处移动，就像有什么力量在牵引似的。老太太吓坏了，就请几位邻居来家里一起住，帮助她压住魔鬼。但是魔鬼并未因此而收敛，反而弄得每间房子里都是碎瓷片，而且连桌子、椅子也都加入了其中。闹鬼越来越严重，谁也解释不清楚。前来陪伴老太太的邻居们害怕了，担心整幢房子都会轰然倒塌，于是纷纷离开了这间房子。可怜的高尔登太太也搬出了这幢屋子，带着女仆住到一个邻居家。她刚刚住下，主人的玻璃、陶器之类的器皿就遭到了同样的厄运。主人无奈，只好暗示她搬出去。

老太太也没有别的选择，只好重新搬回自己家里。在混乱中折腾了几天之后，她发现女仆安妮·罗宾逊的行为举止有些可疑，就解雇了她。从此，屋里奇怪的事情就没有了。过了很长一段时间，安妮·罗宾逊在教堂忏悔时，向牧师布雷菲尔德先生说出了整件事情的经过。有一位霍恩先生知道了这段神秘的故事，就把它整理成文字，印成小册子供人传阅。原来，高尔登太太的女仆安妮当时有一个情夫，为了方便私通，他们很想找到一处不受打扰的房子，于是就装神弄鬼，想把老太太吓倒。安妮把碗碟放进壁橱时，让它们刚好保持平衡，只要一点点微小的震动就会掉下去。她还用细细的马尾拴在一些物件上，然后在旁边的屋子里猛然拉倒它们，这样任何人都不会发现。

最近一则鬼屋的故事发生在1838年冬天。人们怀疑苏格兰一所宅子闹鬼，连续五天，人们都能看到大量的木棍、卵石、土块落在一家院子里、房顶上。房主怎么也找不到是谁在捉弄他。最后大家认为，这绝对是魔鬼和它的精灵们干的。这种说法迅速传播开来，远远近近有好几百人专程赶来看热闹。五天过后，屋外的土块、石块雨停了，但是屋子里面却开始乱成一团，勺子、刀子、盘子、芥末瓶、擀面杖、熨斗，几乎所有物件都成了活物，晃晃悠悠地在屋子里转来转去，而且有东西从烟囱里掉下来，叮叮响个不停。谁都看不明白到底发生了什么。一名女仆当着众人的面把一个芥末瓶盖放进了一个橱柜，可是没几分钟，它竟然从烟囱里蹦出来。所有人都惊呆了。不仅如此，门外、屋顶还发出了很大的敲击声，一根根木棍、一块块石头飞来飞去，砸碎了玻璃和餐具。这件事使相邻的好几条街都弥漫着恐慌的气氛，方圆20英里（32.19千米）之内，无论是平民还是受过教育、德高望重的农场主，都相信这事情一定是魔鬼干的。更多的人从各地赶来，想目睹这世上最离奇的事情。附近有位老人告诉大家，某天晚上，他撞上了一个身材魁梧的黑人魔鬼，它绕着他的脑袋飞着转圈儿，在他耳边刮起大风，差一点儿就吹掉了他的帽子。人们更加相信有魔鬼在捣乱，而且还进一步发现，所有走近这片中邪的土地的马和狗都会有些烦躁不安。有位不怎么信教的先生一天早上刚刚打开门，就看见一个黄油罐蹦进屋来，自此他再也不敢不信教了。传闻愈演愈烈，说魔鬼掀掉了鬼屋的房顶，说玉米地里有几堆干草伴着魔鬼的笛声跳起了方阵舞。鬼屋的女主人和她的仆人告诉大家，无论她们什么时候上床睡觉，都会有一阵石头雨从地毯下涌出，袭击她们；有个极重的石臼竟然从粮仓里飞出来，飘过屋顶，最后砸在一个女仆的脸上，但奇怪的是，她没有受到丝毫的损伤。

牧师和这个地区所有的老人闻讯赶来，在他们的监督下，一项秘密调查迅速展开。但主人确信一定是大小魔鬼联合起来闹事，于是就从远处请来一位叫威利·福曼的老巫师，拿出一大笔钱请他驱魔。这一时期，整个苏格兰高地都传遍了关于这间鬼屋的谣言，距离越远，传得越离奇。有人说，女主人用锅炖土豆，揭开锅盖一看，哎呀不得了，土豆在向她咧嘴微笑！然而，事实上，鬼屋里并没有闹成这样。

嘈杂与混乱又持续了两星期，终于真相大白。经过严格的调查，两名女仆被抓了起来，关进了监狱。所有的一切都是她们俩捣的鬼。她们的手段其实并不高明，她们把烟囱上的砖块弄松，把锅碗瓢盆放得很容易从架子上掉下来，等等。而女主人的轻信和惶恐使她们俩做起手脚来非常方便。她们也是为了与情人偷欢而装神弄鬼。她们一进监狱，鬼屋就恢复了平静，再也没闹过鬼。

所有鬼屋的故事，都显现着人类在性格和理性上的弱点。令人惊喜的是，虽然我们无法根本杜绝愚昧和轻信，但社会的确变得越来越开化、越来越理性和仁慈。不合理的血腥法令渐渐被废除，教育也使人民不断进步。在不久的将来，教育一定会更加普及，最大限度地保证每个孩子都能受到教育，与人类文明保持同步，这样就可以防止愚蠢的狂潮再次发生。如果人人都相信鬼神和巫术，那么这不是民众的错，而是政府忽视教育造成的后果。

第十四章　炼金术士

　　水银说："别提那些所谓的炼金术士吧！他们吹嘘说要创造奇迹，可是在用尽了木炭、喝光了威士忌之后，他们到底发现了什么秘密？不幸的我成了他们的原料。他们一会儿说我是男的，一会儿说我是女的，有时候还说我是两性的。他们把中年妇女扔进火里，希望能从灰烬中走出一个美少女；他们把老人放到炭上，像熏肠那样烧烤，然后再用鼓风机一吹，说是灵魂进入了他的身体。上帝啊，救救我吧！"

　　　　　　——本·约翰逊《假面剧》中水银的申诉

第一节　传说中的神奇技艺

在1000多年以来的历史中，曾有很多杰出人物沉迷于炼金术，更有千百万人真心相信炼金术可以而且已经获得成功。绝大多数人并不清楚炼金术的起源。一些献身于炼金术的人声称，炼金术是和人类同时产生的，最晚也不会迟于挪亚方舟时代。有人说，大洪水以前的人全都懂得炼金术；诺亚一定经常服用长生不老药，否则不可能活那么长时间，而且500岁还能生儿育女。据说摩西是高超的炼金术士，《圣经》上说，摩西"把他们做的金牛放在火里烧，然后把它磨成粉末，洒入水中，再让希伯来儿童喝下去"。炼金术士们解释说，如果摩西没有试金石，他是绝对不可能做到这一点的，因为别的方法不可能让金粉漂在水面上。

据说在公元前2500多年，中国已经有了炼金术。在罗马，最早声称可以炼出金、银的炼金术士出现于公元1世纪，不过那个时候大家不相信他们，他们一旦被抓到就会被当成骗子而且遭受处罚。到了公元4世纪，君士坦丁堡地区盛传一个说法，说金属间可以相互转化，很多希腊传教士便在这上面大做文章。他们认为，所有金属的成分无外乎两种物质：一种是金属泥，另一种是红色的易燃物，叫硫黄。黄金是由纯净的这两种物质组成的，而其他金属不纯净，受到了其他各种杂质的污染。试金石的作用就是溶解或中和所有杂质，使铅、铁、铜等金属变为黄金。这类说法使很多学富五车的人都陷入了狂热中，甚至投入毕生精力去研究试金石，但从未听说有谁获得哪怕是一点点的进展。虽然如此，历史上还是流传着很多神奇的故事和神奇的人物。

马格努斯和阿奎纳

1193年，马格努斯出生于多瑙河畔的一个贵族家庭。在他30岁之前，所有人都觉得他脑袋很笨，谁也不相信他日后能有什么成就。他在学业上非常用功，但总是没有长进，连他自己都感到灰心，多次打算放弃学业。可是在30岁左右的时候，他似乎一夜之间学会了所有知识，成了一个智慧出众的名人。如此富有戏剧性的变化被人看作奇迹。传言说，马格努斯想要成名的雄心感动了圣母玛利亚，圣母可怜他的无能，就亲自在他面前显灵，当时他正绝望地坐在修道院回廊里。圣母问他："你是想在哲学上有所建树呢，还是想在神学方面出人头地？"他选择了哲学。圣母有点儿不高兴，就用温和而伤感的语气告诉他，这个选择不是很明智。不过，仁慈的圣母还是答应了他的请求，把他变成了当时最优秀的哲学家。令人遗憾的是，马格努斯功成名就之后，又重新回到了愚蠢的状态。马格努斯对这些传言不屑一顾，仍然勤勤恳恳地继续他的研究工作。他的名声传遍了整个欧洲，公元1244年，已经成名的阿奎纳投到他的门下。关于这对师徒有很多离奇的传说。

传说马格努斯领会到了生命的奥秘，在特定的星相条件下，他能够把铜塑像变成活人。他研究了好多年，最后和弟子阿奎纳一起完成了这项工作。他们让铜人能够开口说话，做他们的仆人。这样的铜人当然很有实用价值，但是这个铜人有一个致命的缺陷，就是整日喋喋不休，使两位哲学家苦不堪言。他们想尽各种办法来治疗铜人的这个毛病，却无一奏效。终于有一天，正在全神贯注做数学题的阿奎纳被唠叨声搅得火冒三丈，顺手抓起一把大铁锤，把它砸了个稀烂。砸完之后，阿奎纳又很后悔，他的老师也责备他不该发那么大的脾气，因为发脾气与哲学家的身份不相称。但从此以后，他们再也不想把塑像变活了。所以，我们今天看不到这个神奇的会说话的铜人。

据说，马格努斯能插手大自然的季节变换。他曾为国王准备了一个盛大的宴会，国王带着一大批达官贵人来到这位哲人的住处。当时正是冬天里最冷的时节，莱茵河被冻成了冰河。天气如此寒冷，以至于骑士们无法继续骑马，都下马走路，以免冻掉脚趾。当这群人哆哆嗦嗦地来到马格努斯家时，却非常吃惊地发现筵席摆在有几寸厚积雪的花园里。国王气坏了，立刻要手下备马准备离开，但马格努斯劝他入席。刚一入席，布满乌云的灰色天空就放晴了，和煦的阳光普照大地，万物吐绿，鸟儿歌唱，一派春光明媚的景象。国王及其随从目瞪口呆。宴会结束后，马格努斯念了几句咒语，周围很快又回到了严寒的冬季景象。

马格努斯的得意门生阿奎纳也会魔法。他住在科隆的一条街上，有几个马夫每天都在那条街上遛马，马蹄声接连不断，搅得他坐卧不宁。他请求马夫们换个地方遛马，不要再打扰他，但马夫们置若罔闻。于是阿奎纳做了一个小铜马，在上面刻了几个古怪的符号，半夜里把它埋在马路中央。第二天，马夫们像往常一样赶着一群马走过来。可是到了埋铜马的地方，那些马无论如何不肯再往前走，一会儿仰天嘶鸣，一会儿向后猛踢，闹得连鬃毛上都是汗珠。马夫们想尽了办法，软硬兼施，那些牲口就是不愿再踏出半步。第三天还是如此，马夫们无奈，只好选择另外一个地方遛马。

维尔诺和阿波恩

维尔诺生于1245年，曾在巴黎大学研究医药学，颇有建树，被认为是那个时代最伟大的医生。就像同时代的其他智者一样，他也涉猎星相学和炼金术。

维尔诺有一套很独特的养生方法，据说可以使人延长几百年的寿命。首先，想长寿的人必须学会自我按摩，每周2～3次，按摩时要在身上涂肉桂汁或者动物骨髓。晚上睡觉前，要在左胸前贴一种特制的膏药，这种膏药是用东方的一些药材制成的。第二天早上，膏药必须取下来，密封在铅盒中，等晚上再用。

另外还需要养一些鸡来吃，这些鸡必须养在一个空气清新而且有水的院子里。如果你性格乐观，那么养16只；如果性格冷漠，养25只；如果性格抑郁，则养30只。为了使食用者达到长寿的目的，这些鸡必须用特殊的方法催肥，然后每天吃一只。催肥的方法是：先把这些鸡饿个半死，然后用蛇肉做成醋汤，再添加小麦和糠让汤变稠，用稠汤来喂养那些饿得半死的鸡。

阿波恩是维尔诺的朋友，但是他远不如这位擅长吃鸡的朋友那样幸运，而是一生坎坷。

据说，他从地狱里捉了七个鬼魂，分别藏在七个水晶花瓶里，每当他需要鬼魂帮助的时候就放一个出来。这些鬼魂各有所长，分别精通哲学、炼金术、星相学、物理学、诗歌、音乐和绘画。如果他愿意，他就可以在诗歌上超过荷马，在绘画上超过安培留斯，在哲学上超过毕达哥拉斯。

尽管有这么大的能力，但这个家伙还是不学好。他可以把铜变成金，却很少这么做，而是喜欢通过咒语把别人的金子偷走。要是哪个商人收了他的金子，无论是用坚固的铁锁锁住箱子，还是派重兵把守，甚至把箱子藏在海底，那些金子还是会飞回他那里。大家都这么说，所以没有人愿意跟他交往。

这样的名声已经够糟的了，他还喜欢发表违反宗教正统的言论。宗教法庭传讯他，并施以酷刑，他还没熬到正式宣判的日子就被折磨死了。后来宗教法庭宣判他有罪，他的尸骨被挖出来，当众烧毁。

教皇约翰二十二世

这位教皇是维尔诺的朋友和学生，在维尔诺的指导下，他通晓了炼金术的秘密。据说，他炼出了大量的黄金，富可敌国。据说他活了100岁，下葬时在棺材里放了巨额黄金。人们公认他的财富不是一点一点积累起来的，而是他自己造出来的。炼金术士们常常拿他作例证，来说明点金石并不是幻想。

不过，直到现在为止，谁也无法证明这个富裕的教皇棺材里的黄金是怎么来的。另外，读过他著作的人很多，但是没有一个人炼出过黄金。术士们这样解释：教皇并不想让所有人都通晓炼金术，如果每个人都去炼金子，金子就会多得像稻草一样不值钱，到了那个时候，大家将不得不面临一个新的难题，那就是把金子变成铁和铜，而这很麻烦。

尼古拉斯

他出生于13世纪末，家境贫穷，很小就到巴黎闯天下。在巴黎，他先是专门代人写信和誊写文字材料，但几乎无法维持生计。为了多挣点钱，他尝试着写诗，结果变得更穷，整天都饿肚子。他又试着绘画，还是无法改变经济上的窘迫。他尝试着给人算命，结果很快就赚了不少钱。在随后的几年里，他把全部精力都投入在炼金术的研究中，整天只想着点金石、长生不老药和万能溶剂。

尼古拉斯从旧物市场里得到了一本旧书，是用树皮刻出来的，共21页，按照他的说法是"三乘七页"。书的语言是拉丁文，每七页中有一页只有图画没有文字：一幅画是一条蛇在吞吃一根石柱；一幅画是十字架上钉着一条蛇；一幅画是一个荒原，一条蛇围着一个喷泉。这本书在开篇就宣称，它是由"身份不低于亚伯拉罕、主教、犹太教徒、国王、哲学家、牧师、星相学家的人"合作完成的。尼古拉斯当时已经很博学，但是他却没有注意到《圣经》中的亚伯拉罕竟然用古罗马时期的拉丁文写作。他对这本书充满了不容置疑的崇敬之情。书中讲述了用点金石制造黄金的具体方法，但是没有讲怎么获得点金石。这可不好办，如同给一个饥饿的人讲解如何烤牛排，但却不给他牛排一样。据说，尼古拉斯花了几十年时间，终于跨越了这个困难，在1382年1月13日成功地把水银变成了白银，三个月后又把水银变成了纯金。

当时尼古拉斯已经80高龄，但是精神矍铄，身体健壮。有人说，他不但发明了点金石，而且发现了长生不老药，所以又"多活了1/4世纪"。他死于1415年，时年116岁。在他"多活"的20多年里，他每天都造出大量纯金，但看上去仍然家徒四壁。不过，他肯定是富起来了，因为他捐了很多钱给教堂，还创建了14家医院和3个教堂。但某些很熟悉他的人认为他并不是靠点金石发家的，他们说，尼古拉斯是个守财奴，靠发放高利贷赚钱，是当时法国最大的债主。

他的富有传遍了全国，国王查理六世派人探听他是否真的找到了点金石。使臣找到这个传奇人物时，尼古拉斯穿着一身破衣服，住在破房子里，正在用粗陶罐喝麦片粥。使臣没有得到任何有关点金石的信息，只好垂头丧气地回去见国王。就在这一年，尼古拉斯离开了人世。附近的教士们很感激他的慷慨捐赠，为他举行了隆重的葬礼。

在尼古拉斯死后的200多年里，许多炼金术士坚决不相信他已经去世，他们相信尼古拉斯仍然健在，而且还要再活500年。在他的故居，经常有崇拜者前来参观，而且某些人一来了就四处搜索，希望能找出金子来。1816年，某人在屋顶发现了几个罐子，里面盛满了黑色的东西，很是沉重。有一个人特别相信尼古拉斯的传奇故事，再加上金子的诱惑，就出高价买下了这座房子。为了寻找金子，他凿开了墙壁，差一点把房子弄塌，但是最后什么都没找到。为了修复这座破房子，他又花了很大一笔钱，变得倾家荡产。

第二节　炼金术史上最著名的骗子

传说中的炼金术迷倒了众多的轻信者。炼金术士们吹嘘说，炼金术不仅可以把贱金属变成贵金属，还可以把世界上所有的痛苦都驱除干净。事实并非如此。恰恰相反，炼金术给人们带来了无尽的痛苦，使某些狡猾的骗子占有了大量财富。

帕拉齐斯

这位炼金术士被尊称为"炼金术士的顶峰"。他写了很多研究炼金术的著作，文字晦涩，非常难读。这种文风不但没有降低他的声誉，反而引起了全欧洲的注意。越是读不懂，那些狂热分子就越崇拜他。

他本来是个著名的医生。33岁的时候，他被选为巴塞尔大学物理学和自然哲学教授，可谓少年得志。学生们喜欢听他的讲座，于是他更加傲慢，不把任何人放在眼里。他当众焚毁了很多前辈的著作，并口出狂言说，这些著作还不如他鞋子里面蕴含的知识丰富。这种狂妄的举动使他的崇拜者更加狂热，帕拉齐斯的名望如日中天。

这个自大狂是个毫无节制的酒鬼，经常醉倒街头，这损伤了他作为医生的名望。不但如此，他还公开表示自己是个巫师，于是更加声名狼藉。他吹牛说，他可以随意调遣各路神灵，还把其中一位关在他的剑柄中。大家相信，剑柄里的那位神灵保管着长生不老药，吃了它，任何人都可以永远活下去。

这个醉鬼在巴塞尔混不下去了，就搬到了斯特拉斯堡，后来又在德国、匈牙利等地四处漂泊，给人占卜、算命，讲解点金石的秘密，给猪、牛、羊等牲畜看病，帮人寻找失窃的物品，等等。1541年，他在赤贫中死去。

生前，这位性格古怪的医生有成百上千的崇拜者；死后，崇拜者则数以万计，在法国和德国甚至还兴起了帕拉齐斯学派。帕拉齐斯认为：对上帝的真诚祈祷，足以使人获得智慧；《圣经》是所有病理科学的钥匙；点金石可以治愈所有的疾病，可以使生命延长几个世纪，亚当和大洪水以前的祖先们就是靠这种方法延长生命的；每个人在一定程度上都是个炼金术士，因为每个人的胃里都生活着一个魔鬼。他说自己是个真正的魔法师，经常与地狱里的某个魔鬼交流。他还经常与死去多年的著名术士阿维森那聊天，在炼金术方面互相争论，并纠正阿维森那在"可饮用金"与"长生不老药"两个概念上的错误看法。

约瑟夫·伯利

伯利生于1616年的米兰，16岁时进入罗马耶稣学院学习。他以过目不忘的记忆力而闻名全校，可以不费吹灰之力便掌握任何东西，无论是鸿篇巨制还是深奥的玄学。可惜这个天才生性放纵，行为堕落，经常遭到警方的审查，臭名远扬。通过朋友的帮助，他在罗马行医，同时研究炼金术。1653年，他当上了米洛哥里侯爵的私人秘书，过上了奢侈放荡的生活，结交了一群赌棍、流氓和荡妇，卷进各种丑闻之中。

两年后，他的行为突然发生了巨变，一夜之间变成了深沉的哲人。他声称自己顿悟了大自然和上帝的秘密，而且得到了点金石。他把哲学术语和宗教问题搅在一起，煞有介事地表达了一些怪异的思想，宣布自己创立了一个新的教派。罗马教会非常愤怒，把他关进地牢。但他逃了出来，躲了一年之后，返回了家乡米兰。

伯利告诉自己的信徒说，天使迈克尔送给他一把神剑，剑柄上刻着七位天神的名字。凡是加入教派的人，都会幸福、快乐一辈子，而且可以用点金石变成大富豪；那些拒绝加入的，都将受到上帝的惩罚。诸如此类的胡言乱语竟然吸引了大批追随者。追随者越来越多，伯利渐渐滋生了一种野心：他要在米兰建立一个君主政府和宗教教派，由他来当国王和先知。他策划在1658年发动政变，可是还没有付诸行动，计划就泄露了，他的20名亲信被抓，他本人逃到了瑞士。罗马教皇对伯利进行了缺席审判，以异教徒和巫师的罪名判处他死刑，并在罗马烧毁了他的模拟像。

伯利在瑞士的日子很平安，当地人把他当作受到宗教迫害的炼金术专家。后来他又去了阿姆斯特丹，在那儿招募了一群喽啰，生活极尽奢华，使当地富豪都黯然失色。这种挥霍钱财的行径赢得了人们的崇拜，谁都弄不懂他从哪弄来这么多钱，所以觉得他不同寻常。他还治好了几个病人，于是更加不得了，被尊为"奇人"。事实上,他的钱财并不像人们传说的那样来自炼金术,而是来自非法勾当。他当时虽然在钻研炼金术,但并没有取得任何成果。没多长时间,他就没钱了,不得不节减开支,最后卖掉了大房子、镀金马车以及价值不菲的良马,遣散了成群的家仆。他的名声渐渐衰落,从"奇人"变成了草民。朋友不理他,信徒也都树倒猢狲散。他开始四处借钱,并以发现"生命水"的名义从一个商人那里骗了20万弗罗林;他还弄到六颗带斑点的贵重钻石,声称他能去掉上面的斑点。带着这些东西,他连夜逃往汉堡。

汉堡仍不安全,他又逃到哥本哈根,寻求丹麦国王弗雷德里克三世的庇护。弗雷德里克信奉炼金术,给他提供了实验工具,希望能够炼出黄金。伯利每次实验都失败,但总能找到借口。国王一点儿都不怀疑这个骗子,大臣们怎么劝告都不听,气得大臣们捶胸顿足,恨不得咬死伯利。伯利在丹麦宫廷里住了六年,1670年,弗雷德里克国王去世,他从此失去了庇护。

伯利流亡到萨克森,发现宗教法庭正想抓捕他。他意识到所有基督教国家都不会善待他,于是决定逃往土耳其去做穆斯林。在途中,他被抓获了,被五花大绑地押到了罗马宗教法庭。为了保命,他宣布放弃所有异端邪说,无论罗马教廷提出什么样的建议他都接受。于是教廷对伯利的处罚从本来的死刑改为终身监禁。伯利在监狱里生活了23年,最后死在监狱里。

圣格美伯爵

此人在路易十五的宫廷里担任要职，声称自己发现了长生不老药和点金石，还说自己活了 2000 多年。相当一部分人相信了他的鬼话。

圣格美起初靠卖长生不老药大赚了一笔。德·贝乐·艾尔元帅对他的胡话深信不疑，请他住在自己家里。在这位元帅的引荐下，圣格美进入了巴黎社交界。当时他大约 70 岁，但看起来不过 40 多岁，气色很好。他的镇定自若给人留下了深刻印象。他是个极其博学的人，当被问到他与古代圣贤交往的细节时，他能够对答如流，毫无破绽。当时巴黎社交界的明星是德·庞帕德夫人，能够随意出入她的化妆间的只有圣格美一人。夫人喜欢和他聊天，圣格美在她面前放低了吹嘘的态度，但还是让她相信他至少活了 300 年。

一旦世人相信一个人，常常会攀比谁信得更多。当时的巴黎到处都在流传圣格美伯爵的传奇故事。几个喜欢恶作剧的年轻人做了个试验：他们雇来一个喜剧演员，把他打扮成圣格美伯爵的样子，然后让他到大街上去吹牛。这个假伯爵站在街上信口开河，说自己曾与救世主共进晚餐，而且把水变成了酒；他和耶稣是好朋友，耶稣经常警告他不要太放荡，否则晚景凄凉。这个演员惊奇地发现，民众简直什么都信，连如此亵渎神灵的昏话也不怀疑。三天之后，全巴黎的人都在传说圣格美在大洪水刚结束不久就出生了，将来也不会死。

圣格美老于世故，从不回应这些传说。无论与哪种地位和修养的人聊天，他总是表现得很低调，似乎只在不经意的时候才提出自己的看法。他只有在确认对方完全相信自己时，才肯说自己活了上千年。他对人提起亨利八世，好像两人很熟悉；查理五世似乎也很乐意与他交往。总有一些老富婆来向他索求长生不老药，让他赚了不少钱。

不过，这个冒险家所拥有的财富不太可能只来源于长生不老药。他外出的时候，连膝盖处、鞋带上都要镶嵌钻石，即使国王也无法与其相比。他经常送些金银珠宝给宫廷里的贵夫人，有些东西价值连城。这个家伙有些真本领，比如他能剔除宝石上的瑕疵。德·霍塞夫人讲过一则轶事："国王命人带来一颗有斑点的钻石，称完之后，他对圣格美说：'这颗钻石带有斑点，只值 6000 里弗赫，要是没有斑点的话，至少值 10000 里弗赫。你能帮我挣到这 4000 里弗赫吗？'圣格美仔细检查后说：'可以，我下个月给你带来。'到了约定的时间，圣格美果然带回了一颗没有任何瑕疵的钻石给国王。国王当场称重，发现重量没有减轻。国王于是又把钻石送回到珠宝商那里，珠宝商给了他 10000 里弗赫。"圣格美有一个仆人，在谈到几百年前的事情时，两人一唱一和，配合得天衣无缝。在一次宴会上，圣格美与一位绅士谈起他与英国国王理查一世的谈话，说理查一世认为他是一个很特别的朋友。绅士的脸上浮现出了惊奇与怀疑的神色，圣格美见状，冷静地转头问自己的仆人他说的是否属实。"不好说，"仆人不动声色地回答，"先生，您忘了，我才跟随您 500 年！""噢，对了，"主人说，"我都给忘了，这件事发生在你跟随我之前。"

关于这个骗子还有许多故事，上面选录的已足够说明他的性格。1784 年，他死在斯拉斯威格的一位朋友家里。

卡格劳斯

这个臭名昭著的骗子是圣格美的朋友兼继承人。他生于 1743 年，真名是约瑟夫·巴尔萨摩。他出身贫苦，15 岁时进入修道院学习。但是他非常懒惰，不学无术，沉溺于腐化堕落的生活，并多次入狱。忽然有一天，他声称自己成了巫师。他偷偷对一个银匠说，某某地藏有财宝。银匠去挖宝时，突然出现五六个装神弄鬼的家伙，把银匠打昏后抢走了他身上的所有贵重物品。银匠苏醒后扬言要杀掉巴尔萨摩，于是巴尔萨摩逃离了欧洲。

他逃到阿拉伯的麦加，在那儿结识了一个叫奥托塔斯的希腊人。此人酷爱炼金术，正在寻找助手。短短15天后，头脑灵活的巴尔萨摩就把两人之间的主仆关系变成了伙伴关系。在研究炼金术的过程中，奥托塔斯无意中发现了某种物质，这种物质能使亚麻布像绸缎一样光亮柔软。巴尔萨摩建议暂时把点金石放一放，先从亚麻布里挣点儿钱再说。奥托塔斯听从了他的建议，还真挣了不少钱。后来巴尔萨摩离开了奥托塔斯，自己去找点金石。

在游历期间，巴尔萨摩不停地变换名字，以便甩掉坏名声。他用得最多的名字是德·卡格劳斯伯爵。在罗马，他自称能把所有的金属变成金子，善治百病，而且还有长生不老药。像所有的江湖医生一样，由于病人对他极其信赖，他成功地治愈了不少病。大多数厚颜无耻的游医都擅长造势，对病人进行心理暗示，但真正的医生反倒不具备这些能力。

他挣了很多钱，认识了上流社会的洛伦莎·菲利西安娜小姐。她没有什么财产，但美艳绝伦，才思敏捷，没有一点儿节操观念，正是卡格劳斯理想中的妻子。结婚之后，他向洛伦莎传授了这一行当里所有的秘密。然后，夫妇俩信心百倍地踏上行程，去从那些迷信的人们身上骗取钱财。

他们先去拜访圣格美伯爵，受到了最奢侈的款待，也更加坚定了行骗到底的信心。他们在俄国、波兰、德国晃荡了三四年，到哪儿都做着变金、算命、呼唤神灵、卖长生不老药等行当。1780年，他们到了斯特拉斯堡，住进了一家豪华饭店，并立即邀请当地所有要人聚餐。看来他们不但十分有钱，还十分好客。当时，伯爵夫人年仅25岁，居然对大家说她的大儿子28岁，已经在荷兰当了多年的船长。这个谎言惊动了方圆数十里的老女人，她们快马加鞭地赶来求购长生不老药，希望能变得像自己的女儿一样年轻。年轻女人们也蜂拥而至，希望能青春永驻。男人们也想象着自己可以靠一两滴神奇的药水而不再衰老。

当地的主教德·罗罕似乎很信任卡格劳斯伯爵，并说服他一同去巴黎游乐，逗留了13天。回来后，伯爵意外地发现人们不再像十几天前那样欢迎他了，人们变得理智多了，并以追随他们为耻。人们指责他是一个异教徒，一个流浪的犹太人，一个活了 1400 年的老怪物，一个被魔鬼派来要毁灭他们的人。那些见多识广的人则把他看作外国的间谍。声讨之声日盛，他们不得不逃离此地。

他们去了那不勒斯，不久又到了法国的巴尔的摩。就像当初在斯特拉斯堡一样，伯爵吹嘘自己能治百病。很快，他们住的豪华饭店的街道上挤满了人，盲人、瘸子、身患各种病症的病人全都跑到这里来了。由于求医者人数太多，市政官员特意给伯爵安排了几个警卫，日夜守候在他门前，以便维持秩序。长生不老药卖得飞快，大街上挤满了有钱的傻瓜，急着把钱送给伯爵。与此同时，伯爵夫人也靠给人算命大赚了一笔。

不过，公众的热情仅持续了几个月，他再也挣不到什么钱了，熟人在大街上遇到他转身便走。于是他又开始转移阵地。

他转向首都巴黎，并很快跻身于上流社会，变得炙手可热，几乎所有人都想拜访他。他吹嘘说，他能与小精灵对话，能让死人从坟墓里爬出来，能把铁块变成黄金，等等。他的妻子也为塑造丈夫的名声出力，除了展示她的各种魔术之外，她还在女士们中间传言说丈夫卡格劳斯会很多神功，会隐身，会云游，可以像闪电一样飞快地走遍很多地方。

不幸的是，夫妇俩很快就受到了一件丑闻的牵连，被双双关进了巴士底狱，囚禁了六个月。但法庭最后无法定他们的罪，把他们又放了出来，但命令其在 24 小时内离开巴黎。他们去了意大利。1789 年，卡格劳斯被宗教法庭逮捕，判处死刑，后来改为终身监禁，第二年就去世了。他的妻子没了依靠，做了修女。

第三节　骗术和信仰的结合

在中世纪的欧洲，存在着数以万计的炼金术士。他们一方面寻找点金石，一方面靠占星术和算命来谋生。欧洲各国君主和民众一样，也都相信点金石的存在。英国国王亨利六世和爱德华四世、德国国王迈克西米兰、鲁道夫二世及弗雷德里克二世全都支持炼金术的发展。很多贵族喜欢邀请炼金术士住在家里，或者干脆把他们囚禁在地牢里，让他们炼出黄金换取自由。许多敢于夸口的炼金术士在地牢里被关了一辈子。

雷蒙德

雷蒙德1235年生于马略尔卡岛上的一个贵族世家。他结婚很早，为了到更大的地方去享乐，他带着新娘乘船来到西班牙，在詹姆斯国王的宫廷里做了大管家。那几年的生活是非常快乐的，他喜新厌旧，四处寻欢，绯闻不断，直至他的心被一个有夫之妇占据。但这位女人恪守婚约，对这个浪荡子的追求非常鄙视。雷蒙德无法自拔，整夜整夜地在她窗下徘徊，写了很多热情洋溢的诗歌来赞美她，以至于耽误了本职工作，被宫廷里的人看作笑柄。那位女士开导他说，她永远也不可能接受他，像他这样的聪明人应该把心思放在上帝身上。她建议他献身于宗教，不要让无聊的激情耗尽精力。

从此以后，雷蒙德就像变了一个人。他辞去了俸禄优厚的工作，把一半财产分给了妻子和儿女，另一半财产分给了穷人，然后抛妻离子，投身于宗教事业。为了补偿自己以前的罪过，他发誓将自己的后半生用来传教。他在山里隐居了

10年，学会了阿拉伯语，然后创建了一所教授阿拉伯语的学院。教皇对他的热情和虔诚大加赞赏，全力支持他的宗教抱负。后来，雷蒙德到巴黎旅行，住了一段时间，结识了炼金大师维尔诺，后者鼓励他研究并寻找试金石。于是他转而研究炼金术，不再专注于宗教事务。

1314年，雷蒙德到达非洲的博纳地区。由于他曾经攻击过穆斯林的先知，当地的穆斯林对他恨之入骨，狠狠地打了他一顿，然后把他扔到海边等死。几小时后，几名意大利商人发现了他，把他抬到船上，然后船转向，驶往他的故乡马略尔卡岛。当时，这个不幸的炼金术士一息尚存，但已经不能说话了。他就这样撑过了几天，当故乡的海岸线隐约可见时，他再也挺不住了。他的尸体被送往圣欧拉利亚教堂，葬礼非常隆重。

毫无疑问，雷蒙德是他那个时代最杰出的人物之一。他留下了大量著作，总数接近500卷，涉及语法学、修辞学、伦理学、神学、民法学、教规、物理学、星相学、医学和化学等。

迪博士

迪出生于1527年的伦敦，从小热爱读书，15岁就进了剑桥大学。他每天有18个小时用于读书，另外四个小时睡觉，两个小时吃饭。如此高强度的学习生活并没有损害他的健康，他成了当时最出色的学者。不幸的是，他后来把精力浪费在了各种神秘的幻想之中。

1551年，他受到国王爱德华六世的热情款待，并得到每年100克朗的赏赐。之后几年，他以占卜师的身份生活在伦敦，整天思考着点金石和长生不老药，思维越来越不正常。1582年11月的一天，他看到了幻象：在耀眼的光芒中，天使乌列对他微笑，还递给他一个水晶球，说不管什么时候，只要全神贯注地凝视水晶球，就可以见到梦想中的神灵，而且可以从神灵口中得到关于未来的秘密。迪醒来后觉得天使告诉他的很多重要内容都记不清楚了，于是他决定将这件事告诉另外一个人，让那个人与天使和神灵对话，这样，迪就可以作为旁观者把这些重要的话都记录下来。

他有一个助手，名叫爱德华·凯利，也是个炼金狂。两个人有一点不同：迪是个空想家，而凯利却是个江湖骗子。凯利曾经因为伪造罪而被割去了双耳，因此他总是戴着一顶黑色的无檐帽，不仅掩饰了他的伤残，而且使他看起来更加庄重。他把这个秘密保守得滴水不漏，以至于和他生活多年的迪也从未发现。迪告诉他，伟大的天使乌列来拜访了，他立刻表示相信，这使迪非常满意。据说，1582年12月2日，凯利也见到了神灵，还聊了很长时间，迪在一旁做了记录。这些记录今天在大不列颠博物馆里还可以看到。

这段了不起的对话传遍了整个英国，甚至传到了欧洲大陆。同时，迪还宣布，他从某修道院的废墟中找到了一些东西，已经发现了长生不老的秘诀。这个消息震惊全国，所有人都希望拜见这位可以长生不死的人，希望能让这位占卜师为自己算命。迪忙了起来，生意兴隆，财源广进。不过，他把所有收入都用在了炼金术上，从未真正富有过。

迪的妻子很漂亮，凯利抓住迪的弱点，想霸占迪的妻子。凯利告诉迪，有一位神灵的话极大地震动了他，但是凯利拒绝透露神灵到底是怎么说的。在迪的再三追问下，凯利不好意思地说：神让他们共享妻子。迪鬼迷心窍，居然同意了，而凯利则假惺惺地拖延了几天。不过，这件丑事只持续了三个月，之后迪和凯利就分手了。凯利带着所谓的长生不老药四处招摇撞骗，多次遭到指控，被抓进了监狱。在一个暴风雨之夜，他把床单拧成一股绳，从高高的牢房窗户向下滑，不小心摔了下来，摔断了双腿和两根肋骨，几天后就咽气了。

迪依旧热切地寻找点金石，但毫无结果。他询问水晶球，但水晶球毫无反应。他又尝试其他方法，但仍然一无所获，反而花费了大量金钱。迪陷入了贫困中，于是写信给女王请求救济，谎称暴民洗劫了他的住所，砸坏了所有家具，烧毁了 4000 多卷奇书，所有炼金器具以及古玩都变成了碎片。

于是，女王经常送少量的钱给他，后来又任命他为圣保罗大教堂的教士，1595 年任命他为曼彻斯特学院的院长。1602 年，由于年老体衰，他辞职回到老家。当时他已经一贫如洗，不得不靠算命为生，有时候要典当书籍才能换一顿饭吃。1608 年，他在家乡去世，享年 81 岁。

"玫瑰十字"教派

在"玫瑰十字"教派之前，炼金术遭到很多人的怀疑，而该教派则把炼金术精练化、神圣化，赢得了更多的信徒。他们力图让人相信：点金石不仅会带来财富，更意味着健康和幸福；炼金术是操纵神灵的工具，可以随心所欲地控制天气，可以跨越时空，让全宇宙最神秘的知识尽在掌握之中。

这个教派的名称源于一个叫罗森克鲁兹的基督徒，他被崇拜者称为"玫瑰十字"。据说，罗森克鲁兹在 14 世纪末到圣地朝拜，染上了重病，几个博学的阿拉伯人用点金石治愈了他的病，而且告诉了他很多秘密。1401 年，他回到欧洲，向几个最可靠的朋友传授了点金石的秘密，并要他们发誓保守秘密 100 年。他活了 106 岁，死于 1484 年。

他死后，几乎所有的梦想家和炼金术士都加入了该教派。他们说，"玫瑰十字"教派的前八名成员可治百病，如果愿意的话，还可以把教皇的三重皇冠摧成粉末。这些宗教狂使很多德国人改变了信仰，不过在欧洲其他地方，刚开始并没有引起注意。

1623 年 3 月的一个清晨，巴黎市民们惊异地发现，整座城市几乎所有墙上都贴着一张纸，上面写着怪异的宣言："作为'玫瑰十字'的代表，我们已经进驻这个城市，无论是有形还是无形的地方，都有我们的存在。承蒙主的恩典，我们来寻找真正的灵魂。我们用当地语言传授奥义，以拯救我们的同胞。"几天后，巴黎各处又出现了两本书，书中说，"玫瑰十字会"共有36个成员，他们会多种语言，能点石成金，可以隐身，能历数过去并预测未来。这36个成员中有6个已经到达巴黎。巴黎陷入了恐慌中，男人担心自己的财产，少女担心自己的童贞，妻子担心自己的贞洁。

教会开始介入，声称这伙人是传播异端邪说的异教徒。"玫瑰十字会"否认这些指控，他们说，他们都很幸运，活了一个多世纪，而且还会再活几个世纪；他们知识丰富，深刻了解大自然的所有秘密，这都是上帝本人传授给他们的；他们绝不会披上隐形外衣潜入美丽少女的卧室，因为他们组织的第一个誓言便是贞洁，任何人一旦违反，就将失去所有特权，变得像普通人一样；他们不信什么巫术、妖术，更不信与魔鬼交流之类的奇谈；在人类世界里，充满了善良的神灵，空气里有气精，水里有水神，地下也有守护神，他们都是人类的朋友，如果人类能够清除自身的污垢，就能看到他们并与他们聊天。

他们声称，加入"玫瑰十字会"的人会得到神灵的帮助，获得创造奇迹的魔力。所有会员都可以消除瘟疫，平息狂风暴雨，能腾云驾雾、一日千里，还能打败恶魔、治疗百病。还有一点很重要：他们能把一切金属变成黄金。

虽然加入该教的好处如此之多，但是相信的人并不多。没几个月，这场骚动就结束了，巴黎人对那些自称可以隐身的人嗤之以鼻。

第四节　苦难与反省

在漫长的中世纪，不少作家也痴迷炼金术，留下了大量著作。从那些著作中可以发现，炼金术士差不多都是骗子。一般说来，骗子们用来炼金的坩埚是双底的，下面一层是钢或铜，上面一层则用石蜡涂成金属的颜色，在两层之间藏进一些金粉、银粉，然后当众在坩埚里放入铅、水银等金属，再加入一些混淆视听的药粉，把坩埚放在火上烧。烧着烧着，锅底上就出现了金粉或银粉。

有的骗子用的是没有夹层的坩埚，但他们的魔杖有问题。他们的魔杖是中空的，里面装满金粉、银粉，末端用石蜡或黄油堵上，然后用魔杖来搅拌坩埚里熔化的金属，同时装模作样地做出各种仪式，以此来分散观众的注意力。有些骗子在铅块上钻孔，注入熔化的黄金，然后再把孔封上。有时他们在金块上涂抹贱金属的溶液，然后在坩埚里用硝酸去掉涂层，把它变成闪亮的黄金。

还有人发明了一种特殊的钉子，钉子的一半是铁，另一半是银或金。骗子解释说，这种钉子曾在一种烈酒里泡过，所以才变化了。事实上，钉子是用两种金属焊接在一起的，金或银的那一半先是被涂成铁一样的颜色，这颜色一旦泡在硝酸溶液里就会消失。当时社会上流传着很多神奇的双料金属，比如半金半钢的刀、半金半银的硬币，等等，其实都是炼金术士们为了骗人而焊出来的。

当时的人们已经或多或少地意识到炼金术是骗人的鬼把戏。16世纪的著名炼金术士约翰·奥格莱写了一本关于炼金术的专著，并将像砖头一样厚重的著作献给教皇，希望能得到奖赏。教皇送给他一个空空的大钱包，郑重其事地说，既然他会炼金，那么最合适的礼物莫过于一个能装金子的大钱包。

不过总的说来，在18世纪之前，炼金术仍然有很大市场。它带给人们的不仅仅是金钱、时间和精力的浪费，甚至还有血迹斑斑的苦难。它已经引起了越来越多人的关注与反思。

雷斯元帅

炼金术士中有不少人的头脑相当聪明，被他们蒙骗的人上至国王下至百姓，无所不包。在15世纪，最著名的被骗者之一是法国的雷斯元帅。

第十四章 炼金术士

雷斯元帅非常富有，连仆人和马匹都穿着华丽，比很多贵族子弟穿得还好。他的城堡一年四季对外开放，连乞丐也可以前来享受最贵重的美酒。他拥有全法国最华贵的小教堂，里面挂着金丝做成的衣服，吊灯是纯金镶白银的，十字架是纯银的，杯子和香炉是纯金的。他挥霍无度，从不注意价钱，各种东西都是以三倍的价格买来的。

终于，他花光了所有的钱，被迫变卖家产。他越来越穷，但还希望能像以前那样生活，于是就想炼金，如果能把铁变成金，他就可以继续享受了。

他派人到巴黎、意大利、德国、西班牙等地邀请炼金术方面的专家。这些专家对元帅提供的舒适的生活和工作条件非常满意，但干起活来慢腾腾的。元帅很着急，辞退了他们，只留下了来自意大利的炼金术士普雷拉蒂和一名江湖医生。医生说，他可以让精通炼金石的魔鬼出现，亲口把秘密告诉元帅。半夜时分，元帅跟着医生来到附近的森林里。医生在草地上画了个圈，嘴里念念有词，然后就昏倒在草地上。过了几分钟，医生自己站起来，问元帅是否看到那个魔鬼有多么愤怒。元帅回答说什么都没看到。医生很生气地说，元帅之所以没有看到，是因为没有全身心地投入，而且不太相信这类事。雷斯元帅承认了错误，并问怎样才能让魔鬼不记恨。医生回答，必须派人到西班牙和非洲去采集一些独特的草药，采集工作非常辛苦，而且危险，但他可以为了报答元帅而亲自出马，元帅只需提供必要的资助就可以。雷斯元帅立即同意，第二天一早，医生携带大量金子出发了，以后就再也没有出现过。

雷斯元帅太急于得到金子了，医生上路没多久，他就决定自己去森林里再试一次，看能不能让魔鬼说出炼金术的秘密，结果无功而返。他求助于炼金术士普雷拉蒂，普雷拉蒂要求他用血写下一个契约，表明愿为魔鬼做任何事情，另外，还要用小孩的心、肺、手、眼和血来作祭祀。贪婪的元帅毫不犹豫地答应了这些条件。第二天夜里，普雷拉蒂通知元帅说：他已经与魔鬼会了面，魔鬼还给他看了金锭，就埋在一棵大橡树下面，但是必须要等到七七四十九个星期后才能去挖金子，否则金子就会变成石头。苦熬了49个星期之后，他们半夜里带着镐和锹来到大橡树下，挖出了一大堆石头。普雷拉蒂愤怒异常，大骂魔鬼是个骗子。元帅也觉得魔鬼不守信用，但还是在普雷拉蒂的劝说下又试了一次。普雷拉蒂不停地诱骗元帅，赚取了大量钱财，准备逃跑。可是报应来得很快，不久之后，雷斯元帅和普雷拉蒂因为残害儿童被捕，打入地牢等候审判。他们一共残杀了大约100名儿童。

两人被判处火刑。考虑到元帅的职位及与王室的关系，对雷斯的惩罚减轻了一些。他没有像普雷拉蒂那样被活着绑上火堆，而是先绞死再焚烧。

贝尔纳德

这位哲学家在从14岁到85岁的71年里，一直在实验室里与药剂和熔炉打交道。他的一生是误用才华和毅力的典型。他渴望长寿，却在炼金术上耗费了自己的生命；他渴望富有，却浪费了所有的财产，最终落得一贫如洗。

1406年，贝尔纳德出生在英国特雷沃，父亲是国内最富有的贵族之一。14岁那年，贝尔纳德喜欢上了炼金术，开始阅读阿拉伯文原版著作，同时开始各种实验，但奋斗了好几年，仍然一无所获。他是个富有的公子哥，容易轻信，城里所有的炼金术士都跑过来花言巧语，蒙骗他的钱财。

围着他的那群人中，只有一位和他结下了深厚的友谊。两人从一些晦涩难懂的文章里得到启示，认为高度提纯的酒精是万能溶剂，可以加速金属之间的转化。他们把酒精提纯30次，以至于把盛它的容器都烧裂了。他们围绕着酒精钻研了三年，单是买酒就花掉了300克朗，最终还是走错了方向。后来他们又认为粪便是一种奇特的材料，尤其是人的粪便。他们把各种粪便与水银、盐、铅等混合在一起，作了无数次的试验。在两年多的时间里，实验室臭不可闻，外人根本无法进入。

在 10 多年里，贝尔纳德每天白天做实验，每天夜里向上帝祷告，希望能够早日发现金属转化的秘密。在这段时间里，他的朋友去世了，另一名同伴加入进来。新同伴认为，海洋是黄金的母体，海盐可以把铅或铁变成黄金。贝尔纳德于是把实验室搬到了波罗的海海滨。他们花了一年多时间用盐作实验，有时还喝一点海水。这些努力毫无效果，但他们依旧锲而不舍。

他已年近 50，研究上陷于困境中，于是决定去德国、意大利、法国和西班牙看看。每到一处，他都打听附近有没有炼金术士，而且总能找出一些来。如果这人很穷，他就资助一点钱；如果很富裕，就鼓励一番。有一个炼金术士认为蛋壳里面包含很多有用的元素，于是贝尔纳德开始全力以赴研究蛋壳。幸亏他后来采纳了一位律师的意见，才没有在蛋壳方面浪费时间。那个律师不相信蛋壳，而是推崇醋和绿矾。贝尔纳德又用这两样东西做实验，差点把自己毒死，只好放弃。

在德国，他听说大主教发现了点金石，立即前去拜访。他还特地举办了一次宴会，邀请大主教以及当地所有的炼金术士参加。吃饭时，他们决定，在场的每一位炼金术士都要贡献出一些金币，凑足 42 马克，然后以这些金子为材料，生产出更多的金子。大主教很自信，声称要在五天内生产出五倍的纯金来。宴会过后，大家马上开始实验。42 马克的金子被放进一个坩埚，再加入盐、绿矾、硝酸、鸡蛋皮、水银、铅和粪便。术士们瞪大眼睛观察着，希望能看到一大块纯金。三个星期过后，他们放弃了这个实验，因为"坩埚不够坚硬"，而且"缺了一些必要的元素"。不知是不是有小偷，实验结束后，坩埚里只剩下 16 马克的金币。

贝尔纳德本来拥有巨大的财富，但是其中一半投在了无所不吞的炼金炉里，另一半则送给了那些趋炎附势的小人。当他回到家乡后，已经成了一个不折不扣的乞丐，亲戚们把他当作疯子，拒绝见他。他执迷不悟，干脆离开家乡和亲人，继续研究炼金术，但因为买不起实验用的材料，就转向了炼金哲学方面的研究。

据炼金术士们说，贝尔纳德终于在81岁时发现了转化的秘密，而且过了三年幸福生活。的确，在81岁时，他发现了一个最大的秘密，就是应该知足常乐。如果他早一点儿发现这个秘密，晚年就不会像乞丐一样流亡他乡。

1490年，他死于罗德岛。欧洲所有的炼金术士都赞美他，称他为"特雷沃的大善人"。

丹尼斯·扎卡伊尔

此人留下了一部非常值得一读的自传，记录了在寻求点金石过程中的愚蠢举动。他生于1510年，很早就进入波尔瓦大学学习，不幸的是，他的导师痴迷于长生不老药，很快就把他带入其中。丹尼斯·扎卡伊尔在自传里写道：

家里给我200克朗作为学费和生活费，但不到半年，这笔钱就被炼金炉消耗掉了。由于实验室酷热难当，我的导师因高烧去世。父亲减少了给我的费用，只让我吃饱穿暖，以免我继续炼金实验。为了摆脱对父母的依赖，我在25岁时回到家乡，抵押了我的部分财产，弄到400克朗，又开始进行炼金实验。一个意大利人做我的助手，我们通过高温蒸馏提炼金子和银子，辛苦不说，而且损失惨重。不知道为什么，从熔炉里拿出的金子重量总是比放进去时轻一半。就这样，我的400克朗变成了200克朗。

1537年，我结识了一位神父，他也迷恋炼金术。我们俩凑了100克朗做实验，实验持续了一年，什么物理变化都没有发生。我们很沮丧。但失败没有使我们清醒，我典当了父亲的土地，换回400克朗，那位神父也凑了400克朗。我带着800克朗去了巴黎，因为那里是世界上炼金术士最多的地方。我下定决心，要么找到点金石，要么花掉所有钱，否则决不离开巴黎。1539年1月9日，我到达巴黎。在那里，我结交了100多位经验丰富的炼金术士，他们每个人的理论都不相同，工作方式也千差万别。为了促进交流、互相了解，大家每天晚上都要会面，报告各自的进展。可气的是，任何人只要失败，就一定会找到借口。渐渐地，我再也不相信他们的鬼话了。我再也不想把钱花到他们身上，因为我已经被骗过无数次了。

后来，扎卡伊尔遇到了一位精通自然哲学的教士，教士用温暖和善的语言劝他不要再沉溺于这类虚假的试验中，而要多读古代哲学家的佳作。1550年前后，扎卡伊尔来到德国的一个小城镇，过起了平静无华的生活。

现在，我们已经列举完了热衷于炼金术的知名人士，其中既有追求真理而误入歧途的哲人、贪婪残忍的贵族，也有工于心计、骗取钱财的江湖骗子，他们的身份、背景和性格都不相同。从历史记录上看，其中的某些人并非一无是处。人们在试图获取太多东西时，常常会犯错误；如果无法到达高不可及的山顶，人们可能会到达半山坡，在途中采集一些智慧的碎片。在化学这门学科中，有不少发现要归功于炼金术，比如黑色火药和各种气体的特性。医学领域也在个别方面受益于炼金术，比如水银可以治疗某种疾病。

我们这个时代，已经很少有人提到炼金术了。在欧洲，炼金术可以说是已经完全灭绝，但这种玄学的思维方式并没有在人们的头脑中彻底消失。值得庆幸的是，再也没有人相信长生不老药可以让人多活几百年，或者点金石可以将铁和铅变成黄金的故事了。

第十五章　占卜术

人们仍在摸索着
命运之神的精巧安排。
他们乞求巫师来预测
前途是明是暗。
——《哈迪布拉斯》第三部第三章

第一节　占星术

谁都不知道将来会发生什么，这对于人类而言是值得庆幸的。但是，由于对未来的好奇，人类总是试图探索未来，希望能预测未来将会发生什么事情。这种猜测逐渐变成了一种研究，而且细分为无数的学科，许多人耗尽一生的精力从事这种研究。由于所有人都关注未来，所以，没有任何学科像预测学那样能够轻而易举地欺骗世人。

在大自然面前，人类表现得一点儿也不谦虚。很多人觉得茫茫太空中的星体与自己有着确定的关系，其运动变化预示着自己的未来。这对于个人来说是多么有尊严的事情啊！似乎永恒的宇宙首先是为了预测他的命运而缔造的。那些被当作科学的占星术、占卜术、巫术、手相术以及其他各种预测术于是乎风行一时。如果认真考察这些预测术，我们就会发现，16、17世纪是这些骗子们的黄金时代，他们中的许多人已经在上文《炼金术士》中描述过。在欧洲，最著名的占星术士也都是炼金术士，比如迪博士、罗森克鲁兹教派，等等，他们声称获得了预测未来的本领，就像他们假装获得了点金石和长生不老药一样。在他们那个时代，超自然的幻想大行其道，比以往任何时代都深入人心。民众普遍相信，魔王和星宿会干涉凡间俗事，所以人类需要派代表与这些神灵对话。

在英格兰，从伊丽莎白时代到玛丽时代，连法庭审判都依靠占星术。占星术士很受欢迎，他们给人们测算命运、寻找丢失的财物、预言婚姻的幸福与否、推算出行是否顺利，有时还为生意开张选择吉日。总之，从修鞋铺开张到是否发动战争，全都要占卜。即使是最博学、最高贵和最有名望的人物，也都向占星术士咨询未来。

在法国和德国，占星术士们受到的尊重比在英格兰还要多。在很久以前，查理曼大帝及其继承者曾猛烈抨击各类巫师。但路易十一恰恰相反，他是一位极端迷信的君主，在宫廷中豢养了大量的占星术士。而亨利二世的皇后加德琳·蒂·麦迪赛斯则是当时世界上最迷信的女人，事无巨细，全都要咨询占星术士。在她实际掌管法国期间，她为自己的同乡们提供了方便，意大利的巫师和占卜者横行法国。

15世纪初，在意大利的佛罗伦萨有一位名叫巴斯勒的先生，据说能够洞悉未来。传说，他曾预言柯斯默·蒂·麦迪赛斯将获得荣华富贵，而当时麦迪赛斯只是个普通百姓。另一位占星术士准确地预言了亚历山大·蒂·麦迪赛斯王子的死。人们相信，这位占星术士为了使自己的预言成真，特意做了手脚。他们这类人往往会为了维护名誉而采取某些手段。这位占星术士曾预言，王子会死在自己的一个朋友手中。结果正如预言的那样，亚历山大王子被一位堂兄弟刺死了。

另一则故事更为精彩。15世纪，在罗梅格纳居住着一位叫安提奥克斯·蒂伯特斯的占星术士。他一度春风得意，达官贵人争相拜访，在很短时间内聚敛了大笔财富。但他最后却被送上了断头台。据说，他生前有三个著名的预言：一则与他的朋友圭多·迪·伯格尼有关，一则与他自己有关，一则与其保护人帕多尔·迪·马拉德斯有关。他的朋友圭多·迪·伯格尼是当时最杰出的船长之一，蒂伯特斯观测了他的星相和手相，很悲伤地告诉圭多，他将遭到密友的无端猜疑而丧命。圭多反问蒂伯特斯，能否预测一下他自己的命运。蒂伯特斯回答说，他自己命中注定要死在断头台上。蒂伯特斯的保护人马拉德斯听说这两个不幸的预言后，也要求得知自己的命运，并强调说，不管他的命运多么悲惨，蒂伯特斯都要以实相告。蒂伯特斯预测说，他的生活将极度贫困，最后像乞丐一样死在一家普通医院里。当时的马拉德斯是意大利最有权势的王子之一。

多年以后，三则预言全都应验了。圭多·迪·伯格尼的岳父指控他曾计划叛国，随后又假装友好地邀请他一起吃晚饭，在餐桌前杀掉了他。受到此案的牵连，占星术士蒂伯特斯也被抓进监狱。他成功地从牢房的窗户爬出来，躲进了护城河，但很快就被抓了回去，并于次日清晨被送上了断头台。

当时的马拉德斯一帆风顺，早已将关于他的预言抛到了九霄云外。然而，所有的事情似乎都在沿着预言的方向发展。一个反叛组织攻占了马拉德斯所在的城市，在混战之中，马拉德斯仓皇出逃，东躲西藏，从前的所谓好友都抛弃了他，甚至连他的亲生子女也不肯与之相认。在困苦之中，他染上了一种怪病，浑身乏力。由于没有人愿意收留他，他被送进了一家小医院，死在了那里。

上面的故事精彩吧！但令人遗憾的是，那三个预言实际上都是事后编造出来的。

第二节 其他占卜术

继占星术之后，一些想预知未来的人们常常使用的是巫术。历史上关于巫术的最早记载是安得尔女巫的故事和塞缪尔魂灵的故事。在古代，几乎所有的民族都相信死去的灵魂是可以召回来的。

占星术常常会得到政府的支持，有名的占星术士们也会受到赞许和奖赏。然而，巫术从未在任何国家公开地推行过，所有的政府都把它看成一种穷凶极恶的犯罪行为，而实施巫术的巫师会被处以火刑或绞刑。

占卜有许多种类，每个种类都有不少信徒。自从人类产生以来，它就在一定程度上统治着人类的思想，而且还将持续下去。无论是在犹太人、埃及人、古巴比伦人、波斯人、希腊人当中，还是在罗马人当中，占卜术都同样广为流传，各个民族、各种文化的人对它都很熟悉，即使在非洲和美洲最蛮荒的游牧部落中，人们对占卜也并不陌生。在当前的欧洲，最受欢迎的占卜方法之一是纸牌占卜；另外还有茶杯占卜，就是以茶杯中的沉淀物的形态来作为征兆，这种方法远不如纸牌占卜那么流行。古时的人喜欢通过茶杯底部沉淀物的形态来占卜：来年收成怎样，老母猪是否能多下几个崽，少女何时会遇到如意郎君，郎君皮肤是白是黑、家庭是穷是富、性格是温和还是粗暴，等等。看手相是占卜术中很重要的一支，有着悠久的历史，古代欧洲半数以上的乡村少女都特别相信手相。另外还有泥土占卜，也就是通过在地上画线和圆等图形的方法预知将来，这种方法流行于亚洲国家，欧洲人不太热衷。还有飞鸟占卜，根据鸟类的飞翔或内脏进行占卜，这种方法曾在罗马盛行，后来扩散到整个欧洲。由于从事飞鸟占卜的人大多性格残暴，所以这种占卜术的名声很不好。除了上述几种方法外，还有树枝占卜、姓名占卜以及各种变体。总的来说，现在相信占卜术的人是越来越少了，只有吉卜赛人把占卜发展成为一种职业。

解梦术也是从远古流传到现在的一类占卜术。这种技艺有一条简单的法则：梦的象征意义往往与梦境相反。比如，如果你梦见肮脏的东西，你就会得到珍贵的东西；如果你梦见死亡，就会得到生机；如果你梦见很多朋友，就会遇见很多敌手，如此等等。但是有很多梦不在这个法则之内，比如，梦见清澈的水，意味着无比悲伤；梦见自己赤身裸体，在众目睽睽中无法躲藏，意味着将要面临巨大的困惑或困境；梦见房子失火，意味着将有来自远方的消息。

无论是在欧洲还是美洲，都有许多乡下妇女专事解梦，而且颇受信任。在她们看来，梦境中出现的每一样东西，无论是一朵花还是一棵草，都预示着祸福。下面是被赋予了特定含义的花卉和水果，这些含义已经被公认了：

芦笋，捆成一束，象征着眼泪；如果梦见它正在生长，标志着好运。

芦荟，无花预示着长寿，有花预示着遗产。

龙芽草，表示有家人将要患病。

银莲花，预示着爱情。

报春花，长在花坛中的代表幸运，长在盆中的代表婚姻。

覆盆子，预示着一次愉快的旅行。

金雀花，预示家庭增添新成员。

花椰菜，表示所有的朋友都将藐视你，或者你将陷入困境中却无人同情。

酸梅，预示获得一份乡下来的礼物。

水仙花，对少女来说，表示她的守护天使向她发出警告，告诫她不要同情人一起到树林里去，也不要进入任何漆黑寂静的地方。

无花果，颜色翠绿预示困境，被风吹干预示着即将发财或变得快乐。

百合花，预示着欢乐。

睡莲，预示着来自海上的危险。

柠檬，预示着分离。

石榴，对于单身者意味着幸福美满的婚姻，对于已婚却不和睦的人预示着和解。

玫瑰，预示着幸福甜蜜的爱情，并将远离各种悲伤。

向日葵，预示着自尊心将被深深地伤害。

紫罗兰，对于单身者预示着不幸，对于已婚者预示着欢乐。

紫杉果，预示着将失去亲人。

值得注意的是，这些对梦的解释不具有普遍适用性。在英格兰，如果一位农家女梦见了玫瑰花，她会以为爱情就要到来，因此而喜上眉梢；而在诺曼底，如果一位农家女梦见了同样的东西，却会感到震惊、烦恼和失望。

在人类揭示未来奥秘的手段中，象征和征兆占据了极为显著的位置。许多事物都被预言家们看作或吉或凶的预兆。迷信征兆者不仅仅是社会底层的民众，许多有学问的人、政客和军人也都相信各种兆头。对于软弱轻信的人来说，他们如果打个冷战，会以为此时一个仇人正准备向他复仇；如果清晨遇见一头母猪，这一天就不吉利；遇见一头驴，则预示着不幸。如果13个人坐在同一张餐桌前进餐，那么其中一人肯定会在当年毙命，其他所有人也会走霉运。这是所有征兆中最可怕的了。吉青纳博士很有幽默感，他说，他发现在一种情况下13个人同桌进餐确实会带来不幸，这种情况就是饭只够12个人吃的时候。可惜的是，绝大多数人并不这样想。每个欧洲国家都相信这样的传闻，很多人甚至把"13"这个数字看作是一切不祥之物的表征。如果他们有13枚硬币的话，就会扔掉一枚。

在吉兆当中，最吉利的是遇见一匹花斑马，如果遇见两匹就更幸运了。在这个机会面前，你应该吐三口唾沫，许个愿，这个愿望会在三天之内实现。如果你无意间将两只脚的袜子穿反了，这也是一个好征兆。连打两个喷嚏表示你会遇到幸运的事，但如果再打第三个的话，幸运就会烟消云散。如果一只陌生的野狗无缘无故地跟随着你，向你摇尾巴献殷勤，还贴到你身上撒娇，那么你将得到巨大的财富。如果一只雄性野猫来到你家，表示幸运即将降临；但如果是一只母猫，那么含义就恰恰相反，表示你将遇到巨大的不幸。如果一群蜜蜂光顾你的花园，表示你会建功立业并得到巨大的荣誉。

除了以上这些方法之外，有人还通过仔细感受身体各部位的瘙痒来预测未来。比如说，眼睛或者鼻子瘙痒，表明你将会有短暂的烦恼；如果脚痒的话，表示你会到陌生的地方去；如果胳膊肘痒，表明你会更换一位朋友；右手痒，表示你将很快获得一笔钱财；如果左手也痒，那么你会花掉这笔钱。

第三节　特定的日子

人们相信，在某些特定的日子里，一些征兆更加灵验。

1月1日——如果一位妙龄少女在睡前饮下一小杯饮料，饮料里含有小母鸡生的蛋、蜘蛛腿、鳗鱼皮粉末和冰冷的泉水，那么她就会梦见未来的命运。在一年中只有这一天才能获得灵验的启示。

情人节——让单身女人一大早出门，如果遇见的第一个人是女士，那么她当年不会出嫁；如果遇见的第一个人是位先生，那么不到三个月她就会嫁出去。

报喜节——用一根细线把31个坚果串起来，再配上混有蓝丝的红绒线，在睡觉前系在脖子上，并不断念叨一句话："我渴望！我渴望看见我的真心爱人！"午夜过后，你就会在梦中遇见自己的真情郎，而且可以预知未来可能发生的所有大事。

仲夏节——采摘三朵玫瑰花，用硫黄熏过之后，在下午三点整找到一棵水松，在树下烧掉第一朵花；第二朵埋在一座新坟中；第三朵放在你的枕头下面，三夜之后，用木炭火把它烧掉。这三个晚上你做的梦预示着你的未来，更神奇的是，这种做法会使你日后的夫君感到不安，直到他找到你为止。另外，你还将永远地出现在他的梦境里。

当年的首次新月—打来一品脱（约568毫升）清泉水，加入一些白色母鸡所产鸡蛋的蛋清、一杯白葡萄酒、三枚去皮的杏仁、一勺白玫瑰花的汁水，在晚上睡觉前喝下它。必须喝足三口，不能多也不能少。在喝水的同时，反复吟诵如下诗句，发音要清晰，但不能大得让人听到："在黎明到来之前，如果我梦见清纯的泉水，那么我将忍受未来的贫穷，一辈子与财富无缘。如果梦见啤酒，哪怕是次等品也好，那么好运与厄运就会在未来交替出现，时而悲伤，时而快乐。

如果我有幸梦见葡萄酒，那么我将终生快乐，尽享荣华富贵。酒味愈浓，欢乐愈久远。预示命运的梦啊，快出现吧，快出现！"

2月29日——这一天每隔四年才有一次，对于那些渴望预知未来的人，尤其是急于知道未来的如意郎君长成什么样的少女们来说，更是难得的一天。她们要把27枚最小号的别针每三枚一组插入一根蜡烛身上，点着后放在一个黏土烧制而成的烛台上面，再把烛台放在壁炉的左角处。午夜12点的钟声敲响时，立刻躺到床上，当蜡烛燃尽之时，把别针取来放到左脚的鞋子里。这样，九个晚上之内，你就会知道自己的命运。

以上各种预测未来的方法只是无比繁杂的方法中的一小部分，但能够扼要地反映占卜术的某些特征，其中很多方法直到现在仍然没有消失。无论是在哪个国家，它们的基本表现方式都是一样的，不同的是其带有各自的地方色彩。无论哪个地方的人，都有着类似的渴求和思维方式，全都同样渴望得知上天的秘密，渴望了解并把握自己的命运。人类对未来的好奇心是不可能根除的。对于任何人来说，生老病死都是令人心慌的大事，对于那些意志薄弱者和愚昧无知者来说就更是如此。只要有恐慌心理存在，巫术就会继续盛行，只是表现方式不同罢了。令人欣慰的是，现在的占卜师和预言家已经失去了往日的声誉，只能偶尔在光天化日之下露一露脸而已。

第十六章　催眠术士

有人相信他们绝顶聪明，
有人认为他们十分愚蠢。
　　——贝蒂《说唱人》

第一节　矿物催眠术

在炼金术和巫术日渐失宠的时候，催眠术渐渐兴起了，它也是建立在想象力基础上的欺骗性学说。大家应该知道，想象力可以对病人产生异常奇妙的影响。一个手势或眼神就会使意志薄弱的病人陷入忧虑中，加重病情；同理，如果病人得到了信心，那么一块面包会比所有的灵丹妙药都见效。在炼金术失宠之后，很多炼金术士不得不改变身份，摇身一变成了催眠术士。这种学说的最初形式是矿物磁性说或矿物催眠术，后来又出现了动物磁性说，或叫催眠术，最后一个名称沿用至今。

最早引起世人注目的是矿物催眠术士，他们可以算是现代庸医的前辈。在早期的代表人物中，有一位名叫巴拉瑟斯的人，他声称自己不仅可以炼金，还能包治百病。他首次把玄妙的超自然力量归因于磁石，而且认为磁石就是点金石，即使它不能使金属变成金子，至少也可以缓解人类的痛苦并抑制病情的恶化。他在波斯和阿拉伯等地云游多年，寻找东方神话中著名的硬石山。在瑞士的巴塞尔行医时，他宣称自己配制出了一种叫"金丹"的万灵药，说这种神药具有磁性，对癫痫、歇斯底里症和痉挛性疾病有特效。他的名声渐渐大了起来，吸引了一些追随者，播下了这种谬误的第一代种子。

巴拉瑟斯宣称，他可以通过磁石把疾病从人体转移到土壤中去。这种转移有六种方式，其中一种方式相当奇怪："如果某人遭遇病痛，身体局部或全身疼痛，可以试用以下方法：拿一块磁石，与木乃伊一起浸泡在水里，然后把这种水浇灌在肥沃的泥土里,把磁石埋进去。在泥土中撒几颗种子,几天后连同泥土一起移植到陶瓷容器中。病人每天清洗疼痛的部位或全身,用洗过身体的水浇灌种子。这样,疾病就会从人的身体转移到种子上。然后再把种子从陶瓷容器转移到土地里,种子开始生长,病人的病痛会逐渐减轻,等到种子完全长大,疾病就完全消失了。"

耶稣会教士基歇尔很讨厌炼金术,指责炼金术是骗人的鬼把戏,但是他非常相信磁石的效用。一位患疝病的病人向他求助,他让病人吞服了一些磁石粉末,同时在病人身体外部肿胀的地方贴了一块用铁屑制成的药膏。他认为,身体里的磁石会主动到达身体内部的相应位置,并吸引铁屑,消弭肿块。他坚信这种处理方法可以迅速而安全地消除肿瘤。

类似这种古怪的磁性说越来越流行,人们坚信,所有金属物质造成的创伤都可以用磁石来治疗。随着时光的推移,这种妄想甚嚣尘上,人们甚至认为,刀剑磁化后也可以治愈它所造成的创伤。这成了著名的"武器药膏"的起源,并在17世纪中叶风行一时。多年后,在欧洲大部分地区,人们还会时时提起"武器药膏"。巴拉瑟斯曾经发明一种"武器药膏",据说可以治疗除了穿透心脏、大脑或动脉之外的所有利器创伤,其炮制方法是:如果有小偷被绞死并被置于露天,那么过几天后从他的头上取一英两苔藓,再取木乃伊一英两、温热的人血一英两、人体板油二英两、麻油两钱、玄武土两钱,把所有这些东西充分混合,制成药膏,装在长方形瓦罐里。用伤口流出的血浸润利器,然后在利器上涂抹药膏,放在阴凉的地方。这对伤口的愈合很有好处。当然,别忘了清洗和包扎伤口。

有一位名叫弗卢德的医生非常热心地把这项发明介绍到英格兰,并用这种方法成功地治愈了几个病人。其实治愈的原因并不神秘。第一,他吹嘘这种药膏具有神奇功效,暗示病人药到病除;第二,他们从未忘记那些简单有效的治疗措施,如清洗、包扎伤口,等等。弗卢德还进一步宣扬说,无论任何一种疾病,只要在治疗过程中适当运用磁石，就一定可以治愈。同时他也强调，就像地球有两极一样，人体也有南北两极，磁性如果想在人体中发挥作用，人体必须按照南北方向摆放才行！弗卢德的这种观点曾经盛极一时，虽然有人怀疑他的人品，并对他最得意的药膏提出质疑，但是这并不妨碍他在信众心中的地位。

在弗卢德之后不久，又一位笃信"武器药膏"的信徒出现了，他是凯内尔姆·迪格比爵士。他的父亲是埃弗拉德·迪格比爵士，因为参与"火药密谋"政变而被处决。凯内尔姆是一位知识渊博的学者，而且精明能干。他试图说服大哲学家笛卡尔把出众的智力应用在寻求长生不老药方面，以便使人类的生命无限延长下去。凯内尔姆让自己的妻子每天都吃用毒蛇喂养的阉鸡，希望她可以永葆自己的青春美貌。他非常相信"武器药膏"，并把它改进成一种药粉，取名叫"同感粉"，当时的英国国王詹姆斯及威尔士王子、白金汉公爵等显贵人物都相信这种药粉的神效。

有一次，著名学者豪威尔偶然碰上自己的两位好友在决斗，他立刻冲到两个朋友中间，试图劝止他们。他一只手抓住其中一位的剑柄，另一只手抓住另一位的剑刃。可是两个朋友都处于狂怒之中，丧失了理智，毫不理会豪威尔的劝解。被抓住剑刃的那个人把剑撤了回去，剑刃割伤了豪威尔的手掌，连骨头都露了出来；另一位为了砍杀对手，不小心砍在豪威尔的手背上，伤势也非常严重。鲜血喷溅到豪威尔先生脸上，两人立即清醒过来，扔掉宝剑，抱住他，并用袜带把他的手包扎起来。两人把豪威尔送回家，并及时请来了外科医生。国王詹姆斯一直很欣赏豪威尔先生，听说他受了伤，就把御医派去给他疗伤。凯内尔姆·迪格比的住处离豪威尔家很近，也赶来查看了伤口。检查后，他偷偷拿到了曾经包扎伤口的袜带，然后端了一盆水，在水里溶解了一点他自己制造的同感粉，再把那条沾满血迹的袜带放到盆里。据凯内尔姆·迪格比自己后来说，当时正在与人聊天的豪威尔先生突然惊跳起来，似乎不再觉得疼痛了，两只手都产生了一种凉爽舒适的感觉，就像是一块湿手绢把令人备受折磨的炎症带走了。这件奇妙的事情很快就传到了白金汉公爵那里，公爵马上又告诉了国王，所有人都感到震惊而好奇。据说，豪威尔的伤口很快就不再疼痛，五六天之后就开始结疤，完全愈合了。

　　这就是凯内尔姆·迪格比爵士的精彩传说之一，可疑的是，很多情节都是爵士自己告诉别人的。在那个时代，实施类似疗法的人都讲述过很多类似的神奇故事。当时还有些更大胆的医生，他们觉得治疗创伤不见得非要使用同感粉或武器药膏，只要用手对剑进行磁化就足以治愈这把剑所造成的创伤。他们说，如果他们的手指向上抚摩那把剑，伤者的伤痛会立即得到缓解；如果手指向下，伤者就会感到疼痛难忍。

　　与此同时，还有另外一种关于磁性的观点，不是关于金属和磁石的磁性，而是肉体之间的磁性。持这种观点的人相信肉体之间可以产生一种共感，即使远隔千里，人们也可以随心所欲地沟通信息，而且速度惊人。具体做法是：从两个人的胳膊上各割下一块肉，及时把它移植到对方的身体里。虽然肉在另一个人的身体里继续成长，但仍然会与原来的主人息息相通，任何对它的伤害都会使旧主人感觉到。为了使信息的交流更加准确，可以在这两块移植的肉外面的皮肤上刺些字母和符号。当两个人需要交流时，其中一个人只要用磁针刺一下胳膊，另一个人就会立即感觉到，从而做好收发信息的准备，即使两人中间隔着浩瀚的大洋也毫无影响。其中一个无论刺痛哪个字母，另一位胳膊上的同一个字母就会感到疼痛，这样双方就可以准确无误地进行交流。

第二节　动物催眠术

瓦伦丁·格里特莱克斯先生和凯内尔姆·迪格比生活在同一时代，两人的名声同样大。瓦伦丁并不以磁性说标榜自己，也不需要什么金属、利器或药膏，他的理论更接近于现代意义上的催眠术，通过心理暗示来对病人产生影响。

瓦伦丁是科克郡的爱尔兰人，家境富有，受过良好的教育。他在小时候患过忧郁症，后来在神经错乱中产生了一种冲动，或者说脑中出现了一种奇怪的信念，这种信念就是认为上帝给了他治疗瘰疬的能力。无论他是处于清醒状态，还是在睡梦当中，这种信念总是反复出现。他向妻子说起了这种信念，妻子直截了当地告诉他，这个信念是多么荒唐。他无法确定自己的信念到底是不是真的，但由于这种信念似乎是来自上帝，所以他还是下决心尝试一番。几天以后，他去见了赛特斯桥的一位名叫威廉·马赫的病人。威廉的眼睛、面颊和喉头都患有严重的瘰疬，苦不堪言。他成功地获得了这位病人的信任，并伸手抚摸这位病人，同时虔诚地进行祈祷。令他惊奇也令他满意的是，短短几天时间，病人状况大为好转。没多久，在其他疗法的配合下，病人竟然痊愈了！这次成功使他信心倍增，坚信自己负有上帝赋予的神圣使命。

随着一次又一次的成功，他又有了新的冲动，觉得上帝又鼓励他去治疗疟疾。就这样，他的魔力逐渐延伸到治疗癫痫、溃疡、疼痛和跛脚。他成了科克郡的神医，有关他的故事四处流传，所有病人都希望有机会见到这位身手不凡的医生。科克郡承受不了那么多远道而来的病人，临近的城镇也人满为患，于是他只好搬到大一些的城市。大城市的长官担心该城陷入各种疾病和瘟疫中，但是也毫无办法，因为神医瓦伦丁的确是在为民造福。我们今天知道，在人类的所有病症中，很多是由于臆想和心情抑郁造成的，在治疗这类疾病时，他的确能够大显身手。

瓦伦丁经常使病人激动得晕过去，然后又使他们苏醒。这一点同现代的催眠术专家完全一样。他的名声越来越大，康威勋爵祈求他前往伦敦，去治疗他患头痛多年的妻子。瓦伦丁对勋爵夫人施以诊治，但并没有产生很好的效果。那位女士的头痛病因复杂，并不仅仅因为心理因素，瓦伦丁对她无能为力。瓦伦丁在勋爵家住了几个月，后来不得不灰溜溜地搬了出去。他的新住处立刻又成了轻信的病人们急于光顾的地方。

在《圣·埃夫勒蒙杂集》第二卷上，记载了一些瓦伦丁·格里特莱克斯的滑稽的逸事，这本书最后得出结论说："人们对他是那么信任，失明者以为他们看到了光明，失聪者以为两耳听见了声音，跛脚者以为自己可以笔直行走，瘫痪病人觉得四肢已经康复。每个人都对健康抱有极大的信心，病人们暂时忘记了自己的病痛。天真的想象力在病人身上起到了神奇的功效。"

值得一提的是，这一时期的许多学者开始从理论上探讨催眠术。范·黑尔蒙特出版了一部著作，专论催眠术对人体骨骼的作用。还有一位名叫巴尔塞泽·格雷西安的西班牙人，他的见解更为大胆，他说："磁铁对铁具有吸引力，而铁在任何地方都存在，所以世间万物都受磁性的影响。磁性反映着大自然的法则，正是磁性导致了同情、反感和其他各种感情，使不同的人之间要么和谐相处，要么产生分歧。"

18世纪早期，欧洲人的注意力都被一种人的疯狂行为吸引了，动物磁性学家声称，这群人的行为给磁性学说的合理性提供了证据。这群人被称为"圣梅达尔的痉挛者"，他们聚集在他们最敬爱的圣·帕里斯神父的墓前，互相交流如何进入迷狂状态，以期带来身体上的奇迹。他们深信，圣·帕里斯会治愈他们所有的疾病。每天，通往墓地的大路都会被大批涌来的患者堵塞。一些人双膝跪倒在圣·帕里斯墓前，虔诚祈祷；另外一些人发疯似地尖叫，发出种种恐怖至极的噪声，其中尤以女人为甚。一旦墓地的一边有20个女人进入痉挛状态，另一边就会有更多的人这样。这群痉挛的人异常激动，在狂乱状态中做出种种丑恶的动作；有很多人在痉挛中声称自己拥有了某些特异功能，比如经得起锤打、不怕火烧。有位女士喜欢挨打，有个好奇的学者用大锤狠狠地打了她60下，她还觉得不够劲。该学者为了证实这60大锤意味着什么，就用同样的力气砸石头，在砸到第25下时把石头砸了一个洞。还有一个人喜欢躺在炭火上，赢得了"拔火罐"的绰号。还有人目标比较远大，试图把自己钉在十字架上。某些比较理性的学者认为，这种狂乱是与催眠术相关的，那些人兴奋地聚集在一起，在无意识中互相催眠，陷入无意识发泄的状态中。这种无意识催眠还可以解释其他现象，比如某些印度教的偏执狂平伸着胳膊，坚持很多年，直至肌肉萎缩；或将手指蜷进手掌中，直到手指甲从手背上长出来。

18世纪60、70年代，催眠术仅仅在德国比较流行。一些头脑开放的人致力于研究天然磁石的各种属性。有一位名叫黑尔的神父同时也是维也纳大学的天文学教授，他以磁化治疗而著称于世。1771年前后，他发明了一种特殊的磁化钢板，可以作用于裸体的病人身上，疗效显著。

1774年，他把这一套治疗方法传授给了安东尼·梅斯梅尔。梅斯梅尔对这个发明加以修正，形成了全新的理论，奠定了动物磁性说的基础。

梅斯梅尔出生于1734年，1766年拿到了维也纳大学的医药学学位。他的论文题目是讨论行星对人体的影响，其思维方法与古代的占星术医生非常相像。他在论文中指出，太阳、月亮和恒星在各自的轨道中互相作用，而且会对地球上的海洋、大气和有机体都产生影响。他强调说，对于人而言，这种影响主要体现在神经系统上，可以使人进入两种不同的状态，他分别称之为"紧张"状态和"缓解"状态，正是这两种相反的状态导致了疾病的反复发作。在梅斯梅尔的晚年，他与黑尔神父会面，黑尔的观测结果使他更坚信自己是正确的。他用黑尔特制的磁板进行实验，获得的成效令人震惊。使用磁性金属板的病人都对这个怪东西异常迷信，结果是奇迹不断出现。两人都想把这个发现完全据为己有，结果引起了激烈的争吵，最终黑尔获胜。但梅斯梅尔并没有因此而垂头丧气，而是继续自己的研究，终于形成了动物磁性理论，也就是真正意义上的催眠术。

他有一位年轻女病人，名叫塞斯特琳，患有周期性痉挛。他运用自己那套行星作用的理论体系对病情的缓解情况进行预测，并对病人进行恰当的暗示。令他惊奇的是，在暗示之后，病人的症状明显减轻。刚开始，他以为是黑尔神父的磁性金属板起了作用，但后来发现，即使不使用金属板，仅仅用自己的双手慢慢向病人的四肢推移，也能使症状减轻，而且不管他与病人相隔是远是近，效果都是一样的。他把这个重要发现写成报道，呈送给欧洲各个学术团体，但只有柏林科学院做了答复，而且表示不赞成。

后来，他离开维也纳来到瑞士，遇到了著名的加斯纳神父。像瓦伦丁·格里特莱克斯一样，这个神父也常常把手放在病人身上治病。他的治疗效果很不错，许多病人都幻想自己在他的治疗下痊愈了。神父的房子总是拥挤不堪，整天被残疾人和精神病患者包围着。梅斯梅尔承认神父的疗法非常灵验，认为如此灵验的疗效是他所发现的催眠术的结果。神父的某些病人很佩服梅斯梅尔的理论，就纷纷请他治疗，而且效果也很不错。据说，他曾经成功地治愈了一例角膜炎患者。带着这些光荣的历史，他又返回了维也纳。维也纳有个叫帕里迪斯的小姐视力衰弱，并且身体经常陷于痉挛状态。梅斯梅尔对她催眠了好几次，然后宣称已经治愈她了。一位著名的眼科医生去看望这位病人，发现这位小姐像以前一样几乎什么都看不见。她的家人则补充说，不但看不见，痉挛病也像以前一样严重，一点儿都没有减轻。梅斯梅尔却坚持认为她已经痊愈，即使没有痊愈，也是她自己的错，不该归咎于他。他还愤愤不平地说，有人故意损坏他的名声，她的家人唆使她假装成盲人来陷害他。

不管梅斯梅尔如何辩白，他都无法在维也纳混下去了，他应该到另外一个地方去。而巴黎作为寻欢作乐者和猎奇者的大本营，正是他这种人的安身之所。1788年，他到了巴黎，租了一所豪华的别墅，并对所有愿意尝试自然界神奇力量的人开放。一位享有盛誉的医生蒙·德斯隆对他推崇有加，于是动物磁性说流行开来，催眠术成了巴黎的时尚。喜欢多嘴的女人们很快就把他的名声传送到了社会各个阶层，这位催眠大师很快就使所有的巴黎人都着了迷，大家都相信他的魔力。这使梅斯梅尔欢欣鼓舞，坚信应该把催眠术的魔力发挥到极致。

他催眠的具体方法很有意思。在客厅中央，放一个椭圆形的器皿，直径四英尺（1.22米），深度一英尺（0.3米）。器皿中放有很多只酒瓶，里面装满磁化水，瓶口用木塞盖紧，瓶底在下，瓶颈向上。然后向器皿加水，水要淹没酒瓶，隔一会儿就往水里加一些铁屑以增强磁性。水和铁屑加完后，用铁盖封住器皿。铁盖上有很多洞，每个洞里都插着一根可以抽出来的铁棒，这些铁棒可以用来碰触病人不舒服的部位。病人们在器皿四周团团围坐，手拉着手，尽可能地夹紧膝盖，据说这样可以确保磁性流体在大家身上畅通无阻。

然后，几位助理催眠师登场了，他们一般都是健壮英俊的男青年。他们先用双手握住病人的指尖，然后用双膝夹住病人，轻轻按摩病人的脊柱，如果是女病人，还要按摩乳房，但更为轻柔。他们的眼睛一直紧紧地盯着病人，常使他们感到难堪得变了脸色，这是在用眼睛进行催眠。在催眠过程中，所有人都会自然而然地保持安静，房间里无比寂静，偶尔会传来一阵口琴或钢琴声，一段长时间的间隔后，可能又会响起一阵轻柔悦耳的音乐声。渐渐地，病人们的面颊开始发亮，他们进入了想象的世界，大部分女性会陷入痉挛或惊厥状态中，有些人泣不成声地撕扯自己的头发，有些人大笑着流下了眼泪，还有一些人尖声喊叫直至不省人事。这便是癫狂状态的高潮。

主角登场了。梅斯梅尔身穿淡紫色的丝质长袍，上面绣着金灿灿的花朵。手持一根白色的磁棒，神色庄严而从容，就像东方国家的君主。他缓慢地迈着步子，目光威严，使那些仍然清醒的病人因为害怕而忘记了病痛。他伸出手去，轻轻拍击那些头脑混乱的人，从眼眉一直拍打到脊柱。然后再用长长的白手杖敲打他们的身体，从胸部一直敲打到腹部，使昏迷的人重新恢复常态。就这样，所有狂乱的病人都渐渐平静下来，都觉得催眠大师法力无边。他们说，当大师用手指和手杖击打他们的身体时，他们能明显感觉到骨架中有一股忽冷忽热的气体流过。

为了使催眠术登上大雅之堂，梅斯梅尔要求医学院对他的学说和能力进行验证。他提议挑选24位病人，12位由他进行催眠治疗，另外12位由医学院使用传统方法进行治疗。他还提出，应该由政府指定适当人选到场监督实验，以避免争议；人选不能是医生，监督目的是看看哪一种医疗方法更加有效，至于为什么有效则不在监督范围之内。医学院不同意梅斯梅尔对监督人员和监督目的的限制，拒绝了他这个具有挑战性的提议。

梅斯梅尔于是向政府施加压力，希望政府能够赐给他一座城堡和一些土地，让他有稳定而丰厚的收入，以便从容不迫地进行他的医学研究。他暗示说，如果政府不提供帮助，他就会把自己的伟大发现带到能够理解他的国家去。政府回复说，如果他能够在医学上有所发现，这种发现又能被国王指定的医生认可，那么政府愿意给他两万法郎和圣·迈克尔勋章。梅斯梅尔拒绝接受这种"赏赐"，他担心国王的医生会发现某些不利于自己的事情。他对外宣称，他并不在乎钱，只希望自己的伟大发现能够得到政府的承认。在极度失望之中，他假托自己要休养，到矿泉疗养地度假去了。

他刚刚离开巴黎，皇家科学院就成立了专门调查委员会调查梅斯梅尔。委员会由巴黎的名医组成，还请来了许多大名鼎鼎的人物，包括本杰明·富兰克林、拉瓦锡和天文历史学家贝利。梅斯梅尔也接到正式的邀请函，但他总是借故缺席。

梅斯梅尔担心实验结果会让他名誉扫地，于是又决定回巴黎想办法。回巴黎之前，有不少病人曾追随他去了矿泉疗养地，这些人大都有钱有势而又信奉他的学说。有一位叫贝尔加斯的病人向梅斯梅尔提出，他计划以梅斯梅尔的名义发动一次募捐，一共100份，每份100路易，条件是梅斯梅尔向捐资人公开催眠术的秘密，并允许他们自由使用。梅斯梅尔对这个提议非常满意，立即接受了这个建议。消息一传出,大家纷纷募捐,短短几天内就达到了预定的数目,不久就超过了 14 万法郎,而且数目还在继续增加。

带着这么一大笔钱,梅斯梅尔回到巴黎,重新开始了他的研究。那些门徒们不但付给他一笔数目可观的学费,还使他的名声传扬至最荒远的乡下。这些门徒在各大城镇组织了"协和会",号称可以通过催眠术治疗疾病,吸引了大量民众加入。很多居心不良的淫棍也加入了"协和会",专门观看年轻女孩的痉挛,甚至以催眠为借口满足自己的欲望。没多久,这些组织就陷入了道德沦丧的境地中,声名狼藉。

当时,皇家调查委员会的调查工作正在进行。经过五个多月的实验,委员会发表了由贝利起草的报告。这份报告逻辑清晰,持论公正,不容反驳。在详细叙述了各种实验及结果之后,作者得出结论:"对动物磁性说最有利的证据,是它的确可以对人体产生影响。但这种影响可以不通过催眠术得到,有时用其他手段也能得到。如果对病人的情况一点儿都不了解,催眠术的各种手段和仪式根本就不会产生任何效果。可以作出结论:是想象力,而不是催眠术,带来了某些疗效。"

这份报告完全摧毁了梅斯梅尔在巴黎的声誉。他很快就离开了巴黎,带着崇拜者们捐助的 34 万法郎回到了德国。他死于 1815 年,享年 81 岁。

第三节　疯狂的仿效者

尽管梅斯梅尔的声望受到了毁灭性的打击,但是他所播下的种子却结出了果实。在法国、德国和英格兰,许多人纷纷仿效,使这种学说获得了巨大的生命力，影响之大连它的创立者也没有想到。在这些仿效者中，谬斯特罗名声最大，被当作一代宗师。但是事实上，他并没有什么伟大的发现。真正有所发现的是普伊塞格侯爵和巴巴兰勋爵，他们发自内心地相信催眠术，在欺骗他人之前已经欺骗了自己。

普伊塞格侯爵是当初梅斯梅尔的募捐者之一，在梅斯梅尔离开法国后，他退隐到布桑斯，与弟弟一起通过催眠术为乡下人治病。普伊塞格性格单纯而善良，他不仅用催眠术治疗病人，还为他们提供饮食，被乡民们看作拥有神圣魔力的人。他的伟大发现是偶然获得的。一天，他正准备对他的园丁实施催眠，却发现这位园丁正在酣睡。他随口问了园丁一个问题，园丁的答复竟然清晰而准确。普伊塞格特别惊讶，继续进行实验。他发现，如果病人处于睡眠状态，催眠师根本无须拐弯抹角地说话，也不需要做什么动作，就能够直接进入病人的心灵，可以毫无阻碍地相互沟通。

他还获得了另外一个成果。他发现，同时对很多病人进行催眠是非常困难的，而一个接一个地催眠又不现实，因为每天只有 24 个小时而已。在苦恼之中，他想起一个权宜之计。梅斯梅尔曾告诉他，木头可以被磁化，那为什么不可以催眠一棵树呢？他立刻动手。布桑斯的树林里有一棵茂盛的大榆树，每逢节日，农家女孩就聚在树下跳舞；在夏天的夜晚，老人们常常坐在树下饮酒聊天。普伊塞格来到这棵大树下，对它进行催眠。他伸手抚摸它，再后退几步，同时动用自己的意念。就这样，他把意想中的磁性力量灌注到了树枝、树干和树根之中。做完这些工作后，他在大树周围摆了许多座位，并从树枝上拉下很多细绳。病人坐好后，便用手拉着细绳，这样所有人就通过大树连在了一起，以便进行磁性上的流通。

普伊塞格对这项发明特别痴迷。1784 年 5 月 17 日，他在写给弟弟的信里说：

亲爱的弟弟，如果你不马上赶来，你就会永远错过见证奇迹的机会。发生在那个病人身上的奇迹非同寻常，他的身体几乎完全康复，已经准备离开我这里了。我一直在应用从梅斯梅尔那儿得来的力量，我每天都为他祈祷。我现在能够治愈周围所有的穷苦病人。他们聚集在那棵神奇的大榆树周围，今天上午达到130多人。这棵树可能是有史以来最有效的催眠物，每片树叶都传导着健康，任何人都可以从中获益。这是怎样一幅充满人情味的画面啊！你一定要来看看。我只有一点遗憾，因为人太多，我不能亲自触摸所有的病人。好在我的仆人使我振奋起来。他说，我并不一定要亲手触摸每一个人，只要给他们一个眼神、一个手势甚至一个愿望就足够了。如此深刻的道理竟然是乡下最无知的农夫教给我的！当他处于催眠最高境界时，我相信没有任何人比他更渊博，更有洞察力。

在另一封信中，他详细描述了首次用磁性树进行的试验：

昨晚，我把一位半梦半醒的病人带到树下。刚刚把细绳缠在他身上，他就进入了凝神状态，脸上的表情令人震惊。他大叫着说："我看到什么啦？"然后垂下了脑袋，完全被催眠了。过了一个小时，我送他回家，然后把他催醒。好几个人过来告诉他刚刚发生的事情，他却难以相信，觉得自己的身体太虚弱了，连走路都困难，怎么可能去那么远的路到树下并返回呢？今天我又一次重复了实验，结果还是很理想。一想到我给别人带来的幸福，我就兴奋得难以控制。所有人都对我的治疗感到惊讶，但是他们体会不到我的狂喜。这棵神奇的树给了我休息的时间，如果没有它，我会陷于极度疲劳之中，身体根本无法支撑。我太高兴了，命运之神对我真是太关照了！

在普伊塞格侯爵借助大榆树施展他的催眠术时，另一位催眠术大师巴巴兰勋爵在里昂出现了。这位大师认为，催眠术并不需要借助任何设备，像手杖、催眠器皿以及大榆树之类都不是必要的，仅靠意志的力量便足以使病人进入催眠状态。他的催眠方法非常简单，就是坐在病人床边，说服并引导他们接受催眠。他的方法效果显著，在很短时间内就成了一大群催眠师的偶像。信徒们称自己为巴巴兰派，他们先是分散在法国各地，后来又发展到整个欧洲。尤其是在瑞典和德国，这一派的信徒数量猛增，被人们称作"唯灵论者"，以区别于追随普伊塞格侯爵的"经验主义者"。"唯灵论者"坚信，自然界中充满了磁化流体，催眠术的种种效果和影响都能通过一个人的灵魂传达到另一个人的灵魂。催眠师与病人之间只要建立一种联系，就可以通过意志的力量消灭疾病，不论距离远近都效果显著。

1798年前后，有一个在伦敦的雷塞斯特广场行医的人，名叫本杰明·道格拉斯·佩尔金斯，他发明了一种金属牵引车，十分著名，并获得专利。这种牵引车的主要组成部分是两个小小的强磁化金属板，与当初黑尔神父的磁化铁板相似。佩尔金斯宣称，只要把小车放在疼痛部位上，然后轻轻地拉动它，就可以治愈痛风、风湿、中风等常见疾病。这项发明引起了整个伦敦的重视，舆论界发行了许多小册子，大肆吹捧牵引车的疗效。尽管牵引车售价不菲，但仍然供不应求，佩尔金斯在短短几天内就成了富翁。佩尔金斯是公谊会的会员，他的发明受到了公谊会的热情赞助。公谊会希望那些买不起牵引车的穷人也能享受到这项伟大发明所带来的好处，于是就捐助了一大笔钱，建了一所医院，命名为"佩尔金斯学院"，所有穷人都可以在那里接受免费催眠。于是神奇的牵引车得到了更加广泛的应用，佩尔金斯作为发明者还得到了5000英镑的政府奖励。

当时有一位名叫海加思的医生，他在研究想象力对治疗疾病的影响时突然想到了一个主意，可以科学地检验牵引车的有效性。他没有当面反驳佩尔金斯的牵引车疗法，而是当着众人的面，用一系列事实平静地揭开了骗局。他与另一位名叫法尔科纳的医生制造了一辆木头牵引车，涂上漆，使它看上去像金属车一样。然后他们从医院里随机挑选了五位病人，用这辆假牵引车对他们进行治疗。病人中有四位长期患有严重的风湿病，病痛部位分别在脚踝、膝盖、手腕和臀部，第五位患有好几个月的痛风病。在实验那一天，海加思医生和他的同行们在医院里集合，煞有介事地捧来一辆神奇的牵引车。放在患病部位后，五位病人中有四位说他们一点儿都不痛了，三位病人说自己不仅病情好转，而且浑身都舒服。有一位前几天一点儿都不能动弹的病人，现在觉得膝盖暖和起来，似乎能站起来走动了，他试着走了几步，确实成功了。那位痛风患者也觉得自己的病痛正迅速消退。在几个小时之内，这五位病人都感觉良好，但回到床上不久就重新陷入病痛的折磨中。第二天，医生们使用了真正的牵引车，病人的情况还是这样。

为了使实验更加可靠，过了几星期，海加思医生又在布里斯托医务室进行了实验。病人患有严重的肩部风湿病，手都无法抬起来。那辆木头牵引车取来了，放在病痛部位。为了使现场的气氛更加庄重，一位医生拿出秒表来准确地计算时间，另一位按分钟记录症状的变化情况。不到四分钟，病人便感到症状减轻，他的手也可以抬高了，而且不感到疼痛了。

海加思医生把他的一系列实验记录公开发表，题目是《想象力是疾病的起因和良药》，揭露了佩尔金斯医生的牵引车并没有神奇之处，只不过是利用想象力行骗罢了。佩尔金斯的朋友和赞助人当然不会承认这是个骗局，他们在各类动物身上试验牵引车，宣称动物们可以从金属板中得到预期的疗效，但木制牵引车却没什么效果。但是已没人再相信他们。佩尔金斯学院变得门可罗雀，佩尔金斯不得不灰溜溜地离开英国。

催眠术在英格兰受到了耻笑，渐渐不再被人注意。它在法国的运气同样不佳，由于大革命的风暴吹遍法兰西，人们根本没有闲暇关注催眠术。就这样，催眠术在欧洲遭到两个国家的驱逐，只在德国的某些喜欢幻想的哲学家那里还占有一席之地。在最后的寄居地，催眠术继续创造奇迹。病人们通过催眠可以获得预言能力，能够洞悉整个人类和宇宙的奥秘；他们还能够用脚趾和手指观察与聆听；他们能够读懂从未学过的语言，只要把书放在肚子上，就能对书中的内容了如指掌；很多无知的农夫在催眠状态中变成了哲学家和科学家，他们的哲理比柏拉图还要深奥，还能大谈人脑的秘密，最棘手的神学问题对他们来说就像清醒的人系鞋带一样容易！

在19世纪的最初20年中，欧洲所有国家都忘记了动物磁性说。连德国人也不再关注这个神秘的学说，转而关注在拿破仑大炮下的祖国的命运。这一时期，催眠术失去了活力，直至1813年，蒙·德勒兹发表了他的《动物磁性说评价史》，这类骗术才又一次吸引了公众的目光。一时间，有关催眠术的报纸、小册子、专著、秘籍层出不穷，相互辩论，很多医药界知名人士重新研究催眠术，力图找出真相。

蒙·德勒兹的论著得出这样的结论：人体不断发出一种流体，它们环绕在我们周围，由于没有固定的流向，所以对周围的个体产生的影响几乎不能被感觉到。然而，人的意志能够引导它，当它受到引导时，这种流体会与人的精力合成一种气流。这种气流能够进行高度的集中，由催眠师用意志将其灌注到被催眠者的身体里。所以，被催眠者在催眠师把手放到他们面前时，不等接触便会有一种忽冷忽热的感觉。在灌注了足够的这种流体之后，被催眠者会陷入一种梦游或痴迷状态中，在这种状态之中，他们将会看到围绕着催眠师的这种流体像光晕一样，弥漫在催眠师的嘴唇、鼻孔、头部、四肢等部位。另外，这种光亮的液体还发出一种美妙无比的气味，可以使食物和酒水更加香甜。

在蒙·德勒兹看来，任何人都能够成为催眠师，都可以创造奇迹，只要遵循以下规则：

暂时忘记医学知识和玄学知识。

排除一切影响和干扰。

> 想象你的神力足以使你把病痛抓出来并扔出去。
>
> 始练功后,六周内不要思考。
>
> 一心向善,坚信催眠术的神奇力量,相信自己可以完全控制并使用它。
>
> 打消所有顾虑,坚信自己能够成功,全神贯注地进行操作。

这就是说,只要完全相信催眠术,丢弃所有的思想感情和成见,不去听从理性的召唤,任何人都可以成为完美的催眠师。

蒙·德勒兹介绍说,进入状态后,要把所有可能对催眠师造成干扰的人支开,如果必须留人在催眠现场,那么人数越少越好。留在现场的人绝对不能干扰催眠师,也不要有自己的想法,只能像催眠师一样,一心想着如何给病人带来好处。催眠师要尽量让自己舒适一些,让病人也尽可能坐得舒服。催眠师与病人相对而坐,位置可以稍高一点。催眠师要用自己的双膝夹住病人的双膝,两只脚放在病人的脚边。病人必须放松自己,不要思考任何问题,更不要有所顾虑,而是要充满信心。病人的拇指被夹在催眠师的双手中间,催眠师的指腹可以同他的指腹接触,然后全神贯注地盯住病人的眼睛!这种姿态必须保持2～5分钟,直到两人的拇指都热起来。之后,催眠师可以抽回自己的手,放在身体两边,然后缓缓地翻转双手,手心向外举至头部。这个动作重复五六遍之后,再把手放在病人头上,停留片刻后下移,依次滑过面颊、胸口、肋骨,直到膝部和脚尖。所有动作必须缓慢,同时保持静坐姿态。一轮结束后,催眠师可以稍事休息,然后重新开始,继续发功。

这就是蒙·德勒兹所描述的催眠过程。坚决反对动物磁性说的人相信,这种治疗方式无疑会使人进入痉挛状态,特别是某些神经质的女人。她们被强迫以古怪的姿态坐着,双膝被一个陌生男人夹住,而且身体的各个部位都被随意抚摸,这自然会使她们变得神志恍惚。尽管有许许多多的例子可以证明这些手一席之地。在最后的寄居地，催眠术继续创造奇迹。病人们通过催眠可以获得预言能力，能够洞悉整个人类和宇宙的奥秘；他们还能够用脚趾和手指观察与聆听；他们能够读懂从未学过的语言，只要把书放在肚子上，就能对书中的内容了如指掌；很多无知的农夫在催眠状态中变成了哲学家和科学家，他们的哲理比柏拉图还要深奥，还能大谈人脑的秘密，最棘手的神学问题对他们来说就像清醒的人系鞋带一样容易！

在19世纪的最初20年中，欧洲所有国家都忘记了动物磁性说。连德国人也不再关注这个神秘的学说，转而关注在拿破仑大炮下的祖国的命运。这一时期，催眠术失去了活力，直至1813年，蒙·德勒兹发表了他的《动物磁性说评价史》，这类骗术才又一次吸引了公众的目光。一时间，有关催眠术的报纸、小册子、专著、秘籍层出不穷，相互辩论，很多医药界知名人士重新研究催眠术，力图找出真相。

蒙·德勒兹的论著得出这样的结论：人体不断发出一种流体，它们环绕在我们周围，由于没有固定的流向，所以对周围的个体产生的影响几乎不能被感觉到。然而，人的意志能够引导它，当它受到引导时，这种流体会与人的精力合成一种气流。这种气流能够进行高度的集中，由催眠师用意志将其灌注到被催眠者的身体里。所以，被催眠者在催眠师把手放到他们面前时，不等接触便会有一种忽冷忽热的感觉。在灌注了足够的这种流体之后，被催眠者会陷入一种梦游或痴迷状态中，在这种状态之中，他们将会看到围绕着催眠师的这种流体像光晕一样，弥漫在催眠师的嘴唇、鼻孔、头部、四肢等部位。另外，这种光亮的液体还发出一种美妙无比的气味，可以使食物和酒水更加香甜。

在蒙·德勒兹看来，任何人都能够成为催眠师，都可以创造奇迹，只要遵循以下规则：

暂时忘记医学知识和玄学知识。

排除一切影响和干扰。

想象你的神力足以使你把病痛抓出来并扔出去。

始练功后，六周内不要思考。

一心向善，坚信催眠术的神奇力量，相信自己可以完全控制并使用它。

打消所有顾虑，坚信自己能够成功，全神贯注地进行操作。

这就是说，只要完全相信催眠术，丢弃所有的思想感情和成见，不去听从理性的召唤，任何人都可以成为完美的催眠师。

蒙·德勒兹介绍说，进入状态后，要把所有可能对催眠师造成干扰的人支开，如果必须留人在催眠现场，那么人数越少越好。留在现场的人绝对不能干扰催眠师，也不要有自己的想法，只能像催眠师一样，一心想着如何给病人带来好处。催眠师要尽量让自己舒适一些，让病人也尽可能坐得舒服。催眠师与病人相对而坐，位置可以稍高一点。催眠师要用自己的双膝夹住病人的双膝，两只脚放在病人的脚边。病人必须放松自己，不要思考任何问题，更不要有所顾虑，而是要充满信心。病人的拇指被夹在催眠师的双手中间，催眠师的指腹可以同他的指腹接触，然后全神贯注地盯住病人的眼睛！这种姿态必须保持2～5分钟，直到两人的拇指都热起来。之后，催眠师可以抽回自己的手，放在身体两边，然后缓缓地翻转双手，手心向外举至头部。这个动作重复五六遍之后，再把手放在病人头上，停留片刻后下移，依次滑过面颊、胸口、肋骨，直到膝部和脚尖。所有动作必须缓慢，同时保持静坐姿态。一轮结束后，催眠师可以稍事休息，然后重新开始，继续发功。

这就是蒙·德勒兹所描述的催眠过程。坚决反对动物磁性说的人相信，这种治疗方式无疑会使人进入痉挛状态，特别是某些神经质的女人。她们被强迫以古怪的姿态坐着，双膝被一个陌生男人夹住，而且身体的各个部位都被随意抚摸，这自然会使她们变得神志恍惚。尽管有许许多多的例子可以证明这些手法具有明显的效果，但它们并不能证明催眠术的效用。即使没有催眠师的暗示，仅仅是单调而长时间坐着不动就会让人感到神志恍惚。

在法国，蒙·德勒兹的书引起了轰动，人们对催眠术的研究又变得热情高涨。第二年，《催眠术年鉴》杂志创刊，专门对这种学说进行研讨。不久以后，又出现了《催眠术大全》等很多其他杂志。几乎在同一时间，著名的法里亚神父开始施行催眠术，被大众称为"创造奇迹的人"。人们相信，他的周围环绕着比常人多得多的磁性流体，因为他比绝大多数人的意志力都要强大。法里亚神父的治疗很多都是成功的。在治疗过程中，病人坐在扶手椅中，神父告诉病人闭上眼睛，然后突然大声命令说："睡！"他没有什么动作，也不使用任何设备（比如催眠器皿和流体的导体），就成功地使上百名病人入睡。他吹嘘说，他曾同时使5000名病人进入梦乡。事实上，神父常常要把这种命令重复三四遍，然后病人才能进入催眠状态。如果有的病人还是无法入睡，那么神父就声称这人不适合催眠，把他赶走。

值得一提的是，催眠师并不宣称他们是万能的。健壮者和心存疑虑者不能被催眠的，能够被催眠的人必须坚信催眠术，而且身体比较虚弱或思维比较混乱。某些相信催眠术的人说，在个别时候，他们自己也无法进入催眠状态，那么可以肯定，现场一定有个不相信或鄙视催眠术的人，这种人会减弱或破坏催眠的效力。蒙·德勒兹在指导催眠术士时就明确地说："千万不要在喜欢发问的人面前施行催眠。"

概括地说，即使真的存在某种动物磁性，催眠术也有很多错误和夸张之处。不过，从它的历史来看，它也并非一无是处。援引巴伊1784年的话说："虽然催眠术受到了哲学家的谴责，但不能全盘否定催眠术对哲学的裨益作用。催眠术记录了人类大脑可能出现的种种错误，同时也检验了人类想象力的强度。"